勇闖修道院15天

百萬企業家戒掉匆忙病，強化心靈韌性，與修道士生活所獲得的人生體悟

傑西・伊茨勒 Jesse Itzler
錢基蓮——譯

Living with the Monks

What Turning Off My Phone Taught Me about Happiness, Gratitude, and Focus

謹將此書獻給我的席爾薇雅奶奶和芬妮奶奶。希望我們可以一起吃個飯。

推薦序

成人的暫停時間

褚士瑩（作家、法國哲學諮商教練）

身為NGO組織的工作者，總是有很多的機會跟宗教團體接觸，畢竟在全世界的非營利組織，至少有百分之七十以上是有宗教背景，因此讓我有機會反思「出世」與「入世」之間的關係。

曾經有一個宗教團體正在訓練的一群年輕人中有部分是出家人。當他們請我指導這群年輕人如何進行「社會參與」時，我不假思索地就答應了。那是一個長達三年的訓練課程，這些青年平常住在他們自己的國家，有著自己的工作，每年在固定的時間會聚在一起上課，平常則透過網路視訊來接受訓練。我負責的訓練計畫，時間雖然長達一年之久，然而時光卻轉瞬即逝，我也坐下來反思這一年來到底學了什麼。

社會參與，顧名思義就是自己主動協助解決社會上原本已經存在的種種問題，而參與的方法，或許是以財力、管理能力，或是人際關係等，基本上是把對參與者來說「多餘」的資源，用在「需要」的人身上的過程。這過程聽起來簡單，其實卻有很多藏在細節中的魔鬼，而認出這些「魔鬼」，就是我的責任。

這一年中，我也花了很多時間，觀察所謂的「出家人」跟「社會人」，在面對需要協助的社會問題時，兩者所表現出不同的態度。

這讓我想到本書，同時也是《和海豹特種部隊生活的31天》的作者傑西．伊茨勒，他在書中寫到他在靈感枯竭、生活一片忙亂的時候，到紐約州山區一座小型東正教修道院，跟著修道士們一起工作、同居共食的生活和反思，也提到他離開後，曾經在飛機上拿出筆和日記，翻到空白頁，寫下他喜歡修道士的地方：

1. 修道士們一次只做一件事。
2. 修道士不趕時間，他們做事緩慢而謹慎。
3. 修道士不投機取巧，他們按部就班完成事情。
4. 修道士看似做得少，但實際上做得更多。
5. 修道士們保持冷靜，他們不會驚慌失措。
6. 修道士很能夠獨處，而他們喜歡獨處。
7. 修道士們學習各式各樣的技能來促進成長。
8. 修道士們花時間靜坐。

9. 修道士臉上有笑容。
10. 修道士生活簡單。
11. 修道士不浪費時間。
12. 修道士有穩定的團體和共同的大家庭。
13. 修道士熱愛生活。

在社會上力爭上游的人，表現出來接近海豹特種部隊的生活態度，因為所有的困境，都變成了需要消滅的「敵人」。只要不是敵人，就被當作是可用的「資源」，然而修道士（或說修道者、出家人）卻不同，他們跟時間的關係，不是競爭的，而是友善的，所以修道士總有足夠的時間給自己思考、靜默——即使不需要發「緘默誓」或是被要求「禁語」。

除了跟時間的關係很好之外，修道士對於貧窮、貞節、服從、穩定，也不會像一般社會上的成人那樣，有強烈的抗拒感。因為討厭貧窮，所以熱衷於賺錢；因為討厭貞節帶來的限制，所以放縱自己的欲望；因為不願意服從，所以大多數人都認為自己的上司是「慣老闆」；不甘於穩定的生活，所以打著積極進取的名義，做些貪婪的事。傑西把他這十五天在修道院的時間，稱為「成人的暫停時間」，從中學習安靜、學習集中注意力與學習如何提問。

回想這一群我陪伴了一年的學員，他們是幸運的，因為他們和自己簽訂了一紙合約，給自己一段可觀的「成人的暫停時間」。在三年內他們每次上課，無論在線上或是實體課，就是改變了自己和「時間」之間的緊張競爭關係。如果一名美國成年人每天平均要做三萬五千個決定，相信你我也相去不遠，甚至更多。因為身為亞洲人，還有「孝順」、「愛面子」等這些西方不存在的文化包袱，所以我們讓自己可以按下暫停鍵，可能比一名紐約人還更迫切。

我在筆記本上，寫下NGO工作者在實行「社會參與」應有的六個態度，分別是：

1. 勇於決定：因為做決定是一種負責的表現，反之就是不願意負責任。
2. 思考有彈性：經過思考後，願意改變原先的想法，是個勇敢的行為。

3.證據導向：不能只憑直覺，而要為自己的每一個想法說出合乎邏輯的原因。

4.觀察細微：擁有良好解讀資訊的能力，就是觀察力佳的表現。

5.不斷驗證：不害怕貼標籤，但是貼標籤後一定要經過證實，確認推測的合理性。

6.符合一致性：指的是我們所聽、所想、所說、所感、行動、邏輯六者之間沒有落差。

「這不只適用於『社會參與』，其實也是我們每一個人『自我檢視』時該有的六個態度。」有位出家人在聽完我說的話後，微笑地這麼說。

我非常同意。

與其說我們在學習社會參與，學修行，學思考，還不如說我們是在學習給自己一段「成人的暫停時間」——無論你人在台北，還是紐約，是「出世」還是「入世」。

作者注

我住進一所修道院，並且詳細記錄了住在那裡的時光。這個經驗對我人生的諸多方面產生正向的影響。一些讀過我第一本書《和海豹特種部隊生活的31天》的人寫電子郵件給我，說想要和我一起進行下一次冒險。我樂意之至，只不過這是個人體驗，我必須獨自進行。再說，我並不期待任何人離開家人、日常生活，跑去跟修道士一起過日子。而且如今你們已無需這麼做……因為我已經替你們做了。

讓自己從充滿過度刺激的世界裡脫身可能不是件容易的事，所以你必須考慮到可能會發生的戒癮症候群。就如同任何一種涉及深思與內觀的活動一樣，《勇闖修道院15天》裡的部分事件可能引起諸如平靜、活在當下、感到開心且活力滿檔的副作用，而且這些副作用可能讓人上癮。因此，所有讀者在過一種更有活力的生活時，應對自己負起完全責任。

書中有某些事件是從記憶中回想，有些事件可能還省略一小部分，以表達發生或所說的內容。部分對話可能也不是一字不差，不過我盡可能保持這些事件發生的時間順序。話雖如此，這些事情實際發生的時間還是有可能比書中來得早一點或晚一點。

收到。

Namaste（合十禮敬）。

@The100MileMan

目錄

第二部　修道院日記

第三部　在現實世界中可做的十件事

第四部　全新的開始

「無師自通的人，會把傻瓜當作師傅。」

——班・強生（Ben Jonson）

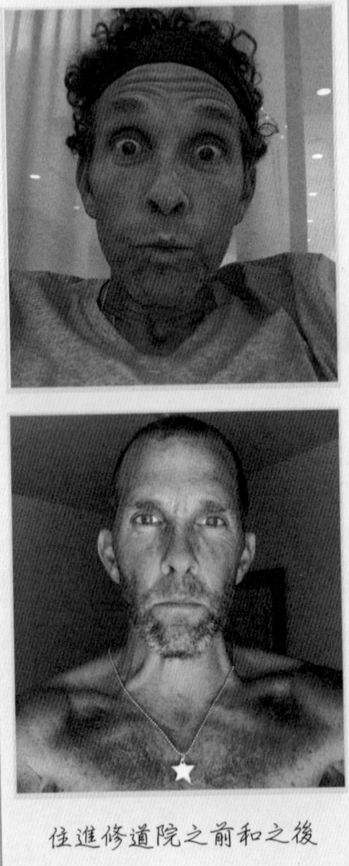

住進修道院之前和之後

第一部

開始

叮——嗶——嗡，手機訊息響個不停的壓力

叮——收到簡訊的鈴聲響起。

我睜開眼睛，瞥了一眼躺在身旁的老婆莎拉，她還在夢鄉。確認完畢。

外頭還是一片漆黑，臥室裡唯一的照明就是我亮著的手機。

我小心翼翼的往右側翻身，伸手拿床頭櫃上的手機。

我要兩張亞特蘭大老鷹今晚比賽的票——簡訊上說。

了解——我回覆簡訊。

我躺回床上，把被子拉到頭上遮蔽手機的光線，因為我不想吵醒莎拉。我很快的刷新電子郵件頁面，看看在睡覺的五個小時裡信箱裡收到了些什麼——還真是多到不行，我關閉了信箱的視窗。

看了看時間，凌晨四點五十三分。得起床了，因為我約了人七分鐘後健身。海豹，就是那個和我們一家人同住三十一天的超猛男神，現在就在我家。而我們的規矩是：只要海豹在我家，我們就要練身體。

兩分鐘後，我再看一次e-mail——沒有新信。於是我把兩條腿挪下床，悄無聲息的把兩隻腳放在地毯上。老婆還在睡夢中。我把手機塞進短褲口袋，套上那件在

地上揉成一團的T恤，踮著腳尖走出臥房到走廊，經過四個孩子的臥房時，他們都還在熟睡。走到樓梯口時，又聽到一聲叮。

我一面下樓一面回覆那則簡訊，走到樓梯最後一階時，也同時發出兩封e-mail。走進客廳時，我一眼盯著手機，另一眼看著海豹在做的事。他正搗弄遙控器，想關掉電視，但是搞不清楚該按哪個按鍵，所以對遙控器感到惱火，用一副看魔術方塊的神情看著著遙控器。

在他發現我時，我再發出一封e-mail。現在是四點五十八分，所以我早到了。

「那是什麼鬼？」海豹盯著我的手問。

「這個嗎？喔，是手機。」

海豹再看一眼遙控器，現在決定不再生遙控器的氣，轉而遷怒於我。我看得出來他在不爽——非常不爽。他板著臉瞪著我，一動也不動。有那麼一剎那我以為他是在玩什麼瘋狂版的「紅綠燈」，因為他動也不動，宛如一尊雕像。

他瞪著我大概三十秒之後，迅速恢復過來，就好像他剛才完全不曾停頓過。

「喔，是手機啊，」他模仿三歲幼兒耍弄大哥哥的口氣，「喔，是手機啊。」

他一點一點靠近我——的臉。我不太確定他這股火氣從何而來。

我做了什麼嗎？它實際上就是手機啊，不是嗎？

「難道你以為我不知道手機是啥嗎？傑西！**我昨天才用過媽勒個手機。**我認得手機是什麼樣子。哦，原來這是手機啊。」他彎下腰綁跑鞋的鞋帶時說了第三次。

「真是對不住，」我說，設法息事寧人，「我只是以為——」

「**我知道手機長什麼樣子，傑西。**」

我努力在腦裡擬道歉辭，也不知道是什麼緣故，反正就是覺得自己真的應該向他道歉。

「抱歉，」我再說一次，「我只是以為你是在問我手裡拿的是什麼——」

「傑西，你有全心投入嗎？」

我根本丈二金剛摸不著頭腦，不知道他是在說什麼。

「**我幫你媽勒個省點時間吧**，」他說，「**你並沒有**。」

蛤？

「對不起。」這句話第三次從我嘴裡冒出來。

「你和那支該死的手機，」他說，「你必須排除雜念，傑西。要全心投入（To be committed）。」

他的火氣大到足以讓人把他說的「committed」。錯誤解讀為要把我送進精神病院。可是我相當確定他說的是投入——對自己做出承諾。或許他說得對。我確實需要關掉手機。不過關掉手機只解決了一半的問題，我得要把精神用在其他事情上——比我自己更重要的事；做一百八十度的轉變，再度不讓自己好過，給自己一個暫停時間，找到一個成長的機會。海豹幫我把身體強壯起來，提高我的意志力，可是現在我需要的是可以把心靜下來，創造另一種新優勢的方法。

我回頭看，海豹已經幫我把門打開。

「我們去跑步吧。」海豹說。

我不太確定剛才發生了什麼，就像有人按了一下開關，然後他又沒事了——息怒了。彷彿我剛才手上根本沒有拿著手機。我隨著他出門，努力克制最後想要再看一次手機的欲望。

數日後……

我點一下友人傳給我的一個連結——一張越南禪宗高僧一行禪師的照片從電腦螢幕上跳出來。這張照片，唔，不知何故，看起來挺可愛的。我說的不是他的長相（他有一對招風耳和一顆光禿禿的頭，面容和藹可親），而是他看起來的樣子。他看起來境界更高，這就是我在找尋的——我得想辦法追隨他生活幾星期。

我想去他的禪院住住看。

老婆總是說我做事情太衝動，沒有三思而行，但這話我有時候就是理解不了。或許吧，可是我喜歡憑直覺做事，而直覺告訴我他就是我要找的人，於是我開始看那篇文章。

原來一行禪師這位聖僧（我不太確定用越南語要怎麼發音？）住在法國南部多爾多涅省泰奈克的梅村禪修中心，是靈修正念大師，訓練人們完全處於當下狀態，這聽起來棒極了，只不過你得在這個地方待五年，凍結所有銀行帳戶，而且在奉行「僧侶主義」的頭兩年不准見家人。

在那裡熬五年或許還成，但不能見家人就讓我了無成功的希望。好吧，所以他不是我在短時間內會追隨的人。

雖然與一行禪師一起生活的想法可能是衝動了一點，但我不會放棄對靈性的追求。我過著豐衣足食的生活，但有時會感到不勝負荷。除了可全天候使用電子產品和社交媒體之外，還要照顧四個孩子和他們的生活起居、有一堆待辦事項、商務會議、慈善活動、健身、跑步，而在這所有的事情當中，還必須得找時間和老婆維繫深情相愛的關係。我不該說「必須得」——因為是我**想要**。

不過最重要的是，我想學習新東西。我開始想像若是能把腦海裡所有的噪音都摒除在外，按優先次序安排時間，學習真正專注於當下的話，可以完成多少事情呢？我需要B計畫。

我拿起手機，打電話給我的著作經紀人莉莎・雷希尼。

「嗨，傑西。」電話聲響了一聲後，莉莎說。

我聽到風拍打她的手機的聲音，她可能是在曼哈頓上西區的河濱公園遛她的狗盧納，因為她跟我打完招呼，我就聽到她跟某人說盧納是搜救犬。

「我想去寺院生活。」我說。

「嗯，好啊，」她回答，「不過你的意思是不是指住在寺院裡？」

「隨便怎麼說都行，反正我就是想和出家人一起生活。」

「有什麼特別的理由嗎？」

「我做過體能鍛鍊了，現在想要探索靈性，想要更專注，讓心變得更強大。」

「不是有這方面的播客嗎？」

「或許吧，可是我必須全心投入，就像跟海豹一起訓練的時候那樣。」

這時她突然靈光一現。她告訴我等一下，然後就接通《和海豹特種部隊生活的31天》的編輯凱特·哈森。凱特接聽後，莉莎告訴她我在電話線上。

「希望你準備好聽這個消息。傑西想要和一個出家人一起生活，」莉莎說，「或者是好幾個出家人。我相信你一定認識一些剛好符合要求的出家人。」

電話裡一片沉默。

凱特想必認為這個想法爛透了，可是我的心意已定，我一定要做這件事。我靜候她的反應，不過其實她說什麼一點都不重要，我想做的事又不需要她來批准，我已經打定好主意了。

「我倒是知道有一所修道院你可以去。」凱特終於開口說。

「是嗎？他們會凍結我的資產，跟我說兩年不能會見家人嗎？」

「你說什麼？」

「他們是在法國南部嗎？」

「唔，不是。那座修道院位於紐約州北部。」

「紐約州北部？聽起來好極了。我可以去住幾星期嗎？」

「我確信他們會很樂意你去住。」

「那好，就訂那裡吧。大約住兩星期左右，做個人進修。剛好有一些可以獨處的時間。」

「你不想多知道一些他們的事嗎？」凱特問。

「他們是出家人嗎？」

「是的。」

「我只需要知道這點就行了。」

如果老婆這時跟我在一起（但她卻不在），就會搖頭說些這樣的話：「現在你明白我說你從不三思而行的意思了吧？」

「好吧。」凱特說話的口氣聽起來是覺得我有一點瘋狂。「那間修道院叫作新精舍修道院（New Skete），先跟你說一聲，萬一你找不到的話。」

一小時後……

我拿起手機撥電話給老婆。

「老婆，有時間說話嗎？」

「當然有，老公，」她說，「什麼事？」

「我要去修道院住。」

我希望我說得很快——快到她聽不清楚，只不過老婆沒有「聽不清楚」。她的聽力好得很，聽得一清二楚。

「修道院？跟出家人一起？」

「對。就是安靜、打坐、和尚。」

從莎拉長時間的停頓感覺得出來，她在消化這個訊息。莎拉的作法就是這樣——她是處理器，做決定前會深思熟慮，而我正好相反，是個依反應行事的人，聽到「挑戰」這兩個字，便立刻反應：「我要參加！」

就這件事來說，莎拉需要時間是有道理的。有的人需要一個藉口去邁阿密南沙灘參加單身漢聚會，或是前往拉斯維加斯度週末的特權，但我是設法去寺院，所以需要一個消化的過程。於是在她有所回應之前，我再接再厲幫自己找理由。

「這會使我們的婚姻更加穩固，老婆。」

「更加穩固？」莎拉問，接著又重複一次這個字眼，倍感好奇：「更加穩固？你解釋一下是什麼意思。」

「噢，我覺得吧，這會使我更珍惜我們在一起的時間，更專注當下之類的。」

「傑西，這聽起來像是你跟你那些朋友去什麼地方跑馬拉松的藉口。」

「不是，我是說真的。我打算下個月去。」

「老公，你是瘋了嗎？使婚姻更穩固的方法多的是，比如說我們應該只要常一起去散散步就好？」

她說的有道理。然而關鍵不在於使我們的婚姻更穩固。

我需要一個不同的角度——而且要儘快。

前幾年我意識到自己看太多美式足球賽。星期六的院校比賽和星期天、星期一、星期四的美式足球賽都在我的觀看時間表上。看得太多了。我確實喜歡看這些球賽，但計算一下要是我這麼一直看到八十二歲的話，我會在生命中花（浪費）三萬六千個小時看美式足球賽。你想想看——觀看別人比賽。好一個醍醐灌頂啊，於是我立刻拔掉電視機的插頭，馬上戒掉這個習慣。我做了這個決定之後，立刻告訴莎拉我剛才從生命中空出了三萬六千個小時，以後可以用在我認為適合的地方，那等於是一千五百天……總共有四年的光陰哪。然後莎拉就問我，我要拿這些新空出來的時間做什麼。

「有些時間是給你的。」我帶著引人遐想的笑容說，「有些是要拿來做個人冒險的。」

現在感覺就是打冒險牌的好時機！值得一試。

「我用的是我空出來的三萬六千個小時，老婆。」

「是這樣嗎，老公？」

好了，現在別讓莎拉的金髮、陽光微笑的魅力給騙了。她建立了Spanx這家全世界最夯的女性內衣公司，而且完全是用自己的五千美元存款獨自創建，沒有投資人。所以她完全感覺得到情況可疑。

「所以這會使我們的婚姻更好，對嗎？」

「好上加好。」

「你知道嗎，老公？你真是有夠誇張，可是你天殺的可愛。如果你想去寺院住，就去好好享受吧，和尚先生。」

好啦——搞定了。**我最喜歡的一個商業規則是：不要過度推銷——拿到訂單後，就閉上嘴巴離開。**

於是我說：「我愛你，老婆。」然後立刻掛斷電話。

接下來數周一切正常。莎拉支持我，但又對我的計畫，或者說是缺乏計畫猜疑重重。她希望我多做一點研究和準備，可是當我準備好要做什麼事情時，就不會讓任何事情拖我的後腿。準備，瞄準，射擊。

不久我就由數著還有幾星期變成數著還有幾天，接著便是數著還有幾小時而不是數日子。差不多該走了。

在準備動身去寺院的前一晚，我策畫了一次社交媒體轟炸，一方面是知會大家我將與外界隔離一陣子，同時請大家建議一、兩本我該帶去看的書。我按下傳送鍵後片刻，手機便開始發出像拉斯維加斯賭場的響聲——叮、嗶、嗡，完全停不下來。

除了書籍——《如何成為一個零缺陷的人》（*How to Be a No-Limit Person*）、《正念教養》（*Mindful Parenting*）、《活出意義來》（*Man's Search for Meaning*）之外，我還得到關於靜坐的部落格、推特上可遵循的靈性指引、播客，還有關於快樂、正念、心靈探索必看的紀錄片建議。

每一個人都有自己的最愛。他們的建議源源不斷的湧進：叮——嗶——嗡。

回響很熱烈，都是那些發現寶貴的方法，使他們的日子過得更好的人傳來的。他們渴望分享——在我上千篇的 Instagram 生涯貼文中，這是有史以來回應最多的一次。我看著手機，明白自己是戳到話點了。尋求方法過著更有意義的生活是一個廣為討論的話題，但從我每天生活的方式看來，我們的時間都浪費在敲鑼打鼓大聲宣布自己的事情上面。

事實就是這樣：我們每一天被資訊、新聞、娛樂轟炸，從各個角度襲來，不斷遭受攻擊。我們活在資訊超負荷的情況下，同時也在失去，或是已經失去最重要的資產，也就是獨立思考的能力。在每一個關頭都有人告訴我們做什麼、去哪裡、要喜歡什麼。推特、Instagram、臉書為我們做出決定。愛麗莎（Alexa）、犀利（Siri）、Google Home 告訴我們怎麼做、何時做、在哪裡做什麼事情。

可是人們先天並非如此；這是後天學來的。那些提示聲久而久之訓練人們立即去看和回應。信箱一有 e-mail 進來，就覺得必須得立即回應，這已到了強迫症的地步。然而，我一向是強烈依靠直覺的人，或者至少我以前一向如此。當你的高考（SAT）綜合成績能達到九百分時，你要嘛是有良好的直覺，要嘛這輩子不會有什麼了不起的作為。

我的直覺一直很管用，但老婆總是告訴我，唯一與你的直覺合拍的方法就是獨處——思考。我發現，人一旦失去「直覺」，就失去了最厲害的祕密武器。事實上，幾乎在生活所有的領域——直覺至上。在狀態絕佳時，原力一直與你同在。對我來說，直覺一向引導我做關於朋友、工作、生活冒險的決定。

我瀏覽貼文下方的留言後，開始恢復活力。

我知道我走的路是對的。那就是去寺院的路！

麻煩大了

「以虞待不虞者勝。」——孫子

二〇一七年十一月——紐約市——去修道院回來後八個月

「我搞砸了」這句話，用禪的方式要怎麼說？

唔，我最好要弄明白，而且要快。

我還沒有為等一下要開的會做好準備，所以這時坐在計程車後座的我，為在第六大道往北走時遇到塞車的情況按讚。只要塞得夠久，我就會大遲到，這一來他們豈不是就得取消會議了。我並不是在期待這個即將發生的情況，只不過遺憾的是，之後我們每次接近紅綠燈時，燈號就轉綠——於是我們繼續向前駛。

離開修道院已有八個月，今天是要去出版社交我體驗修道院生活的手稿。可是我什麼也沒有寫，應該說「幾乎是什麼也沒寫」，而是把我寫的日記帶在身上，就是我在那裡住的十五天裡每天晚上在那間小房間（修道士們稱為單人小室）裡草草寫的一些隨筆。計程車停在馬路邊。我付了車資，走上曼哈頓中城區的人行道。

一位公關大咖曾經告訴我，危機處理的關鍵是立即把所有不好的東西全都攤開在桌子上，所以也許我在會議上就該這麼做。我應該一開始便向編輯坦白：我毀了，凱特；我什麼也沒寫。喔，早安。

燈號轉換時，我站在第六大道和五十四街的轉角，四周一大群人們一併起步走，有如奧運衝刺跑，而我則不慌不忙的走過行人穿越道，往出版社阿歇特圖書集團（Hachette Book Group）走去。或許我該用肯定句和甜言蜜語，來粉飾危機的原則起頭：早啊，凱特，妳看起來容光煥發，妳剪頭髮了嗎？哦，對了，我毀了。

我推動玻璃旋轉門，走進寬敞的大廳。大樓的門廳裡有兩個人在激烈的爭執食物的配送問題，可是好像沒有人注意他們，那些人只是把卡在電子閘門上刷一下，然後衝向一座沒有按鈕的電梯。人人看起來都忙得很。

我往前檯走去。

「傑西，」我聽到身後有人叫我，「傑西，在這邊。」

我轉頭看到凱特。她面帶笑容拿著兩杯冒著熱氣的星巴客大杯拿鐵。我走過去問候並擁抱她一下，當然還一面小心翼翼不讓拿鐵灑出來。她是我第一本書的編輯，那本書大大超出了她的預期，而這就是她接受出這本和修道士相關構想的唯一理由。可是能開門見山說出我的壞消息的那扇窗戶在開啟後又關閉了。我們走到電梯間。還是等我們在會議室坐下來之後，再跟她說這本書的情況吧。

阿歇特主要的辦公室是在四樓，凱特的辦公室則在五樓。我們爬一層樓梯到一個開放的空間，裡面滿是安安靜靜工作的編輯和安安靜靜提供協助的助理編輯。小隔間裡則滿是看起來一臉聰明伶俐的人。這很有禪意，也或者很無聊。我跟著凱特一路蜿蜒走到一間沒有窗戶的會議室。

凱特把門關上時，我們好像就被密閉起來了。她轉身面對我。

「我等不及想看你手上的東西了，傑西。」她笑意盈盈的說。

我擠出笑容回視。凱特仍是一臉笑意，對要看我的手稿感到雀躍。

「這事做起來比我以為的難。」我用一種好像只有九歲小孩的聲音說。

她的笑容開始消逝……只剩下微微一笑……然後便消失——沒了。

「修道士們其實也沒有做什麼事情，」我說，「他們畢竟是修道士。」

「唔，你肯定有寫一些東西的吧。」她說。

「當然，」我說，「有一百五十頁我靜默的空白頁。」

現在她的笑容已成為遙遠的記憶。我等她開口說話。

「怎麼回事？」

「徹底毀了」是有某種程度的自由的，因為當一個人徹底毀了的時候，事情便不會更慘了。在那個徹底毀了的當下，我找到只有毀掉時才會生出的信心。我把背靠向椅子，真的感到自在了。

「我就話說從頭吧，」我說，「就像所有的靈性之旅一樣，這趟旅程是從一座山頂開始。」

華盛頓山上的能見度

「人人都想要高踞山頂，但所有的樂趣和成長都發生在往上爬的過程中。」

——安迪・魯尼（Andy Rooney）

二〇一七年一月

我得從某處開始說起，而這座山似乎就是絕佳的起點。大約是在我到新精舍之前兩個月，當時我還沒有打算去寺院，因為我正在聚精會神的面對眼前的挑戰——這座山。

我的警察朋友凱文前一年夏天隨口提到去爬華盛頓山，就像是在問你下星期要不要一起吃個午餐那樣輕鬆。凱文是薩福克郡的員警，但乍看之下，你絕對看不出他是能像范達美那樣把一酒吧的壞蛋懾住的人。他的個子並不高，但體格健壯如牛，然而走近凝視他的眼睛，就會看到那種「阿達」基因。然而，凱文也是我所知道最樂天的人之一。他總是積極樂觀，當然除非是他正在修理你，可是就算是這樣，他也是在積極的修理你。

他不經意間發出展開新冒險的邀約時，我們正在我位於康乃狄克州的家中。我每年都會舉行一場名為「山坡地獄」的賽跑，在一個長滿草的陡峭斜坡來回跑一百趟，有時候還有救護員在場。跑起來很累，體能狀態**真正**好的人可以在兩小時四十分鐘內跑完。不過，凱文一小時四十二分就完成，贏了這場比賽，以比我快了將近一小時的速度打敗我。我彎下腰喘不過氣來之際，他就拋出這個邀約。我在喘息之間問他華盛頓山有多高，他說四．五英里（七．二公里），一副爬這座山就像在逛商場般輕鬆的口氣。

我喘過氣來後便問他能不能帶一些朋友同行，他說當然可以。於是我便邀請我的教練馬克．布朗，他是奧本大學和紐約噴射機隊的中後衛。他答應了，因為他隨時準備接受挑戰。接著我再擴大邀請，邀我從事金融業的鐵哥們亞當．海尼克，和創辦了奇亞籽能量棒（Health Warrior）的尼克．莫里斯。他們兩人也立刻答應。

我以前從來沒有爬過山，所以不知道要怎麼做，而且對華盛頓山也一無所知。

所以當馬克問我這座山在哪裡時，我說：「在佛蒙特州吧，我想。」

結果這座山是在新罕布夏州。

因為是凱文的主意，所以我早該知道爬山的過程不會太輕鬆才對。當了解到這個過程會有多辛苦的第一個蛛絲馬跡，是出現在出發的前幾天。我收到他傳來的幾封 e-mail。第一封有一份打包清單：冰斧、釘鞋（鞋底有長釘）、多層防寒服。冰斧？這些配備我一樣也沒有，而我們兩天後就要去爬那座山了。搞什麼……？

第二封 e-mail 的主題裡有一個字眼：**求生**。我第一個想到的是，你的意思是我有可能會沒命？我立刻按下列印鍵，把這封 e-mail 放進公事包。我的意思說，任何以**求生**為主題的 e-mail 都是我要保存下來的。

在看完第二封 e-mail 後，我想我最好還是看一看自己要面臨的是什麼，於是在筆記電腦上點開維基百科對這座山的介紹。我要怎麼解釋呢？唔，阿拉斯加的迪那利（Denali）是美國最難爬的山之一，但是和冬季的華盛頓山相比，迪那利看起來就像是入門者爬的山坡。好吧，這麼說或許言過其實，不過根據紀錄，華盛頓山頂的風力是時速四百二十四公里！而且山友在華盛頓山殉山的機率在美國數一數二。

隨便哪一天氣溫都有可能低到攝氏零下三十七度。攀爬的過程是在從四面八方狂飄而來的雪和嚴寒的空氣下進行，而這就是華盛頓山之所以有「舉世最惡劣的天氣」稱號的由來。好啊，我對自己說，好一個逛商場。

我和馬克前往戶外商品連鎖店REI買兩人的裝備，因為我們什麼也沒有。凱文強烈建議要買的一樣東西是「零下四十度」的睡袋，讓我們可以在任何零下四十度以上的地方保暖——他說，計畫要在山上露天睡一夜，第二天才攻頂。露天而睡？在山上？在零下三十七度的氣溫，我們需要一個零下四十度的睡袋保護我們——聽起來誤差的幅度並不大。我看到店裡的一個店員，跟他說要買零下四十度的睡袋。

「我們是在亞特蘭大。」店員說。

「對。」

「我們這裡對那種睡袋需求不大。」

「那你們有兩個零下二十度的嗎？」我問。「或是一個十度兩個五度？」

「你是說真的嗎？」

我是說真的。要是我可以把自己裹在兩條睡袋裡，說不定也成，對吧？我們就是需要點東西。我挑了挑眉毛，想要得到他確實的回應。可是他卻擠出那種痛苦、盡量不是抽搐的笑容，那種某些店員已經練得很好的笑容。於是我們三次打擊全落空，被三振出局了。

結果，我和馬克買了他們店裡最暖和的手套，除此之外兩手空空的離開這家店。回到家後，我用Amazon Prime訂購我們需要的其餘裝備，第二天送貨。當晚我們這個群組安排了一次電話會議，和凱文做最後確認，有點像是賽前動員講話。

凱文帶我們一點一點的了解在這座山上可能遇到的情形。

他的聲音很平靜，這反而開始令我有點擔心。

「我們會面對的最大危險是什麼？」等他結束全盤計畫說明後，我立刻發問。

「有人摔斷腿，然後我們得把人扛下山。」他說，「要是發生這種情況，我們就真的完蛋了，因為直升機無法在山上降落。」

什麼？

「可是這樣很酷，我會背傷者下山，然後再回來找你們。」

我不太確定「你們」是不是一個字，但不想去追究。「要是你們摔斷你的腿怎麼辦？」我問，「我們其餘的人可不知道下山的路。」

電話沉默了一會兒。

「問得好。」凱文最後說，「我會帶傑克去。」

結果，傑克是一位求生專家，是每一次爬山時都應該要在的人。講完電話後，我決定晚上盡量好好休息，可是我幾乎沒有睡——就是翻來、覆去、腦筋轉動——腦筋轉動、翻來、覆去。早上鬧鐘終於響起時，我感覺好像只睡了一小時。

隔天晚上六點，我和馬克到達波士頓洛根國際機場。華盛頓山距離洛根機場約有二百七十二公里，我們在積雪覆蓋的道路上行駛約四小時，終於駛入冰雪覆蓋的車道。

我們租的房子就是想像中滑雪小屋的樣子，全部是木造、石頭砌的壁燈、上下鋪的雙層床。走進屋裡時，已經離開亞特蘭大約七小時，我可以感覺到興奮的情緒已經在醞釀，就像老式的咖啡機那樣。凱文和傑克已經到了，飽經風霜的皮膚和平頭的白髮讓傑克的外表介於軍事教練和萬寶路牛仔之間。他說話的聲音甚至是沙啞的，是那種你會跟在他後面去戰鬥或上山的人。

我脫下靴子時，靴子裡面的衛生紙還在裡面，感覺自己像是帶著嶄新配備參加冰棍球營，然後用腳踝溜冰的小鬼。我趕忙拉出衛生紙，塞進口袋裡。

在小屋的廚房，大夥兒即興的擠成一團。凱文再次跟我們詳細說明山上的狀況：高度、能見度，或缺乏的東西，以及他推測我們會爬多長時間。他說我們每往上爬一．六公里應該要花一小時，這表示應該要差不多五個小時才能到達山頂。我問可能發生的最危險情形是什麼（我的意思是除了摔斷腿之外），傑克回答：

「因為看不到邊緣，有人會走啊走一腳踏空便掉下山崖。」他說。聽起來就像獵鯊人昆特在電影《大白鯊》中談論鯊魚一樣。

「你是說他們就這樣突然一腳掉下去？」

「急速下降。」

他補充說，只要大家跟緊，就不會有事，並且是排成一列走，凱文在最前面，他殿後。有人一腳踏空掉下山？這不是我需要植入腦海的一幕。

十五分鐘後，我穿著那雙新靴子踏著沉重的步伐在木地板上四處走，五分鐘後，我的兩條腿就疼到一個不行，那雙靴子簡直像是用煤渣磚做的，和滑雪鞋一樣硬，我前傾的時候感覺像是從腳踝切斷血液循環。穿著這雙鞋是要怎麼爬山？接著背上我那只全新的背包，走來走去，但是並不順利。這若是一部驚悚電影，觀眾就會指著我說：「看到那邊的那個傢伙沒？他會是第一個送命的。」

凱文說明打包是登山時最重要的事情之一，與活命息息相關。當你在零下十七度、能見度低的環境時，這可能攸關生死。凱文作示範，把我所有的東西都放進背包：睡墊、冬季外套、三副手套、水、糧食、護目鏡。所有的生活必需品放在頂層，容易拿取。這有點像是搭電梯的道理——先進去的，最後出來；最後進去的，最早出來。睡墊放在最底層，然後是最重的夾克，最重層是較輕的夾克，輕層則是帽子。護目鏡和手套和多帶的一頂滑雪帽放在頂層。睡墊（睡覺時放在睡袋下面的墊子，才不會覺得太冷，因為接觸地面流失的熱量最多）是綁在背包底部。三瓶水放在懸掛在背包側面的絕緣套裡。瓶子裡裝四分之三的水，這樣結冰的速度比較慢。糧食放在背包的外袋。冰斧也附在背包上。背包裝滿後重量是二十七・八公斤。

穿著煤渣磚塊的靴子，再外加背負二十七・八公斤。沒問題！

這是我即將展開大冒險的前夕，所以我在臉書、推特、Instagram 上大肆宣揚我在華盛頓山上的消息。據說**完成目標的一個最佳方式，就是有一個問責的夥伴**。有什麼作法會比在社交媒體發布這個消息更好？留言立刻開始進來：「我不知道你是山友！」、「喜歡冷天的傢伙！」、「你正站在世界的頂端！」

隨著每一則留言的出現，我便感覺到壓力不斷的增加。

隔天早晨我們五點起床。在當地一家食堂吃過早餐後，驅車四十五分鐘到山下。到了那裡我看到的第一樣東西是一塊告示牌，上面寫著：**有雪崩危險**。雪崩？沒人跟我講過會發生雪崩啊。凱文或傑克對這塊告示牌都無動於衷，好像這塊牌子跟**減速慢行**——兒童玩耍用的道路標識一樣平常。

我們停車、取下背包，準備登山。

然後便走向那座山。

「有人可能會從山上滑下來。所以在上山之前，你們必須學習一件事，那就是如何阻止滑倒，以防你們當中有人摔倒開始往下滑。」凱文在上山之前說，並在一個小山丘上示範如何用冰斧讓自己停下來。

所以，回述一下重點，攀登華盛頓山時可能摔斷腿、一腳踩空掉下山、風力時速將近四百八十公里、能見度低於零，得用冰斧阻止你們從山上滑下去，而且你們可能會被凍死。除此之外，真的沒什麼難的。我看著如何使用冰斧示範時，心想，沒錯，莎拉是對的，我往往不考慮後果便一頭栽進去。

瞄準、開槍，準備好了嗎？

我想我的腳底開始有一點點發冷[1]了（儘管我穿著硬邦邦的登山鞋）！

「哎，凱文，」我私底下說，「聽說有登山嚮導，我們有嗎？」

「沒有。」他說。

「是有什麼原因嗎？」

「這就是一座他媽的山，傑西，」他說，「是往上的。」

「可是……」

「你不是跟海豹特種部隊的人一起住過，」他說，「萬一我們迷路的話，就出動軍力吧。」

「唔，至少我們有傑克，」我說，「他算是嚮導吧。」

「非也，傑西。傑克是人體救護車——僅此而已。」

儘管我們準備上行時氣溫只有零度，但我一開始只穿了一件Patagonia長袖排汗T恤。冬天健行的基本原則就是**不穿棉質衣服**。因為棉質衣服濕了，就不再有隔溫效果，纖維裡所有的氣孔會都充滿水。當人背負一個二十七．八公斤重的背包，即使是在零下十七度，都會很快開始出汗，這時汗水便是敵人，因為流汗，身體會冷卻下來，而引發失溫。至少凱文和傑克是這麼告訴我的，而我相信他們的說法。他們說寒冷的天氣在戶外生存的關鍵之一，就是盡量控制體溫。緯度愈高，就開始一層一層往上加衣服。每上行一．六公里，就加一件長袖襯衫，至林木線以上，加一件薄夾克，到峰頂——穿上滑雪夾克。出發的時間到了。

我們開始爬山。更高……

再更高……

第一個目標是到達能紮營過夜的地方，約在山上五．六公里高度，我們數小時

1 譯注：英文原文是cold feet，指膽怯的意思。

後抵達。「露營」區包括一連串有屋頂的木頭平臺，沒有牆——門戶完全敞開。幸好我們找到一個有雪堤牆的平臺，形成圓頂建築的擋風效應。現在打算是打地鋪睡覺，第二天早起上行。

周邊山巒的景色實在令人讚嘆，不過雪太大，看不到我們這座山的峰頂。現在才下午兩點，所以距離下次出發還有十九小時。十九個小時。十九小時在亞特蘭大轉瞬即過，但在基地營這裡，感覺非常久。

傑克立刻拿出一小支丙烷罐開始生火，不久就為我們做了燕麥粥和義大利麵當作晚餐。太陽在下午四點半便已下沉，所以我們是靠著手電筒的光線吃晚餐。大約晚上七點，我們出去走走。一片漆黑，什麼也看不見，但有事可做真是太好了。

我們在外面碰到另一個人，是好幾小時以來看到的第一個人。那人留著灰熊亞當斯那樣的大鬍子，皮膚飽經風霜，正在用**沒有戴手套**的手拿著蘋果吃。沒有戴手套！我戴了兩雙手套**還有**手套溫熱裝置，手指頭都還是凍僵的。這傢伙看起來就像是住在山頂，這輩子從沒去過別地方的人——從來沒有。亞當問他有沒有在這座山登頂過？亞當，你他媽的耍白癡啊，我心想，這傢伙當然登頂過。這簡直就是在問水行俠他會不會游泳。

「三十七次。」那傢伙說。

回到營地後，談話結束了。沒有手機訊號、沒有廣播、沒有網路，無事可做。絕對沒有事情讓人分心。我開始覺得累，若不是因為空氣稀薄，就是因為穿著登山鞋走路把我給累的。我們全體鑽進睡袋。凱文煮了水裝入我們的水壺，並教我們放進睡袋讓睡袋熱起來。這招果然有效，我有種像是冷凍的墨西哥捲放在微波爐裡的感覺。

我看手機顯示時間是20：03，我可以感覺到和看得到自己的呼吸。吸入呼出、吸入呼出、吸入呼出，我一直看著和感覺自己的呼吸，就這樣持續了好像好幾小時。然後我再度閉上眼睛，只把注意力放在睡袋裡的溫度。我保持不動，就只是在酷寒的環境下打發時間。這裡沒有時間感，等我終於再張開眼睛時，我以為已經是一天後。

我看著手錶；20：25。

才過了二十二分鐘？

不可能。才二十二分鐘而已？

曾經有幾個想法引導我走向修道院，而這是頭一個。這個想法就像山上的空氣一樣清新，是以一種像是在我耳邊低語的聲音傳來一樣：我與時間的關係失去平衡了。

當我在做習慣做的事時，時間過得飛快；我沒有在做習慣做的事時，時間走得很慢。

我想把這種感覺留在心裡。

早上六點三十五分，我起床，迫不及待的盼望動身。天氣真他媽冷得可以。我匆匆穿上夾克，套上水泥登山鞋，從位於厚厚的粉中的「營地」走到十碼外去撇尿。回來後再鑽進睡袋取暖；每一個人都已起床在聊天。

我們定了一個安全的計畫。要是沒有在下午一點登頂，那麼不論當時在山上的什麼地方，都必須折返。因為過了那個時間，天色會太暗、太危險。我們全體同意——這是一個協定。

我們開始準備出發。於是我穿上登山鞋、背上保溫水瓶、背包。傑克昨天告訴我戴上護目鏡時要摒住呼吸，不然會有霧氣，到時候就要除霧就絕無可能。我像六年級生要跳入游泳池深水區般吸一大口氣，然後試驗用閉氣的方法迅速戴上護目鏡，成功了。登山的時刻來臨。

09：15

我們走過一株釘有雪崩告示牌的樹，上面寫說要我們往回走約一．六公里，換另一條路走。**很好……**傑克和凱文似乎對這個訊息很淡定，可是我腦海中有一個身影在一波巨大的雪浪上沖浪，但不成功的景象。然後我們便向後轉，返向來時路。

10：30

最後我們開始走得更高，大部分的雪已從山上被吹下來，可是有些地方的雪和登山鞋面一樣高，走過去有如走在滿是膠水的水塘裡，腳只能抬起四十五度。山路十分陡峭，得抓住樹木或樹根，否則就會摔下去。現在我明白怎麼會有人從山上滑下去了。新計畫是我們要在下午一點半登頂，這樣還有時間在日落之前下山。

於是我們同意下午一點半是新的截止時間。

「我們要快速前進，直到走到林木線之上，」凱文說，「然後情況就會變得棘手。」

「棘手？這是什麼意思？」

「到時你就知道了。」他說。

中午

我們走一條叫作獅子頭的小路，這是「冬天走的路線」。傑克表示，現在開始爬山是玩真的了。從這裡我們要嘛設法登頂，要嘛就折返打道回府。我這時才了解到林木線之上和林木線之下的**巨大**區別。我們不再受到自然環境的保護。到達獅子頭頂端之後，狂風至少有時速六十四公里的威力，感覺就像有人開著製雪機往我臉上吹。風吹起細細的粉末，使我連眼前的手也難以看見。我們瞬間就像置身巨大的雪景球，而這個雪景球剛被一個粗暴的八旬老人拿起來——因為雪正從四面八方朝我們晃過來。

「哇抓。」

「什麼？」

「哇抓。」

「什麼？」

「往左。」

我移到左邊。

此時，想要溝通，就得大聲吼，但是在風雪交加之下，根本不太聽得見彼此的聲音。凱文從背包拿出一些橘色棍子插在我們的小路上做記號，這樣在大家慢慢往上時，才知道回來的路。可是問題是我走過一根棍子幾步之後，就看不見那些棍子了。回頭看時，它們好像都瞬間消失了。

「我們回到基地營需要四小時的日光，」傑克在一陣刮過的風中喊道，「以現在的速度，我們絕對無法及時到達峰頂。」

我們全都停下來擠在一起，夾著雪的狂風雪依然在呼嘯。

到了做決定的時候。凱文面上略顯憂色。

「各位，」我喊道，「我家有四個孩子，我現在怕得要命。我們是有過協定的。」

沒有人對這一點有異議，再說這是我剛才說過的，大家都需要依賴的重要直覺。

「我們距離峰頂只剩四百公尺。」凱文說，他好像是在設法說服自己繼續往前走，可是我們全體決定折返。

直到安全返回平坦的地面之後，失望的心情才開始出現。然而，整個經驗讓我有一種愉快的感覺。爬到這麼高且如此危險的地方時，你會覺得自己是在地表做這件事的第一人。可是這不僅僅是挑戰。在山上，我可以真真切切的感覺到時間——感受到時間。爬得愈高，感覺愈真切。人們常告訴我時間寶貴，可是他們其實並沒有真正懂這個含意。他們只有在失去時間或是時間悄悄流逝時，才覺得時間寶貴。

在山上，感覺時間寶貴是因為體驗時間的方式不同；山上有的只是「瞬間」，而不是「分鐘」。

四天後

我和莎拉坐在床上，還沒有揮去沒能完成登頂挑戰的失望。我的 e-mail 滿滿都是朋友們在提醒我沒有完成挑戰。

「走到那一步還沒能完成，一定很難受。」其中一封信說。

「我失敗了。」我放下手機對老婆說。

「你才沒有，」她說，「那些根本就是胡說八道。」

「我是失敗的。我帶朋友們一起去，結果我們沒有登頂。我得再回去。」

「這個主意好啊，老公。明年冬天計畫一個週末，找一個嚮導，然後帶著你這個榆木腦袋，好好的穿著你的登山鞋摔斷腿去。」

「明年冬天？」我說，「明年冬天？不行！我這星期六就再去一次。」

「星期六？」

「對，這個星期六。我不敢保證明年冬天我能再做一次，因為我不知道明年冬天我的身體還是不是夠健康。我這個週末就去。」

這座山提醒我時間有多重要。拖延往往會導致後悔。即使時機並不理想，或者不是萬事俱備，立刻付諸行動，這一向是我行事的方式，也往往是失敗和驚人成就之間的差異。你無法戰勝時間，但是你可以學習充分利用時間。我星期六要回去。

那個星期六

經過莎拉多方設法後，我拿到一張通行證，不過這次只有二十四小時，意思就是不能過夜。我們的計畫是一路直攻峰頂，在天黑前回到地面，然後飛回家。我們估計這次爬山約是來回十小時。凱文檢查安全規程，我們早上七點左右在山上開始上行。

我們爬得愈來愈高、愈來愈高，有一種走在月球上的感覺。混雜著融雪、狂風和酷寒的冰雪襲來，凍死人了，同時中間還有夾雜有益健康的適度恐懼。

然後，五小時後，上星期的原班人馬，外加一名當地的登山嚮導，在華盛頓山頂抱成一團慶祝！地表上有七十億人，但我們感覺像是僅有的存活者——碩果僅存的人類，孤單而且時間瞬間凍結。下山時，我想起我喜歡的作家村上春樹的那句話：

「待風暴結束，你不會記得自己如何堅持熬過、如何生存下來，你甚至無法確定風暴是否已過。但可以確定的是，當你走出風暴時，你已判若兩人。」

在那個與世隔絕、酷寒的時刻，我生出另一個引導我的想法：我永遠需要這個感覺，或者至少需要一個方法，能在有需要時得到這樣的感覺。當時我並不知道，但這就是我前往修道院的開端。

在華盛頓山上的艱苦跋涉

準備進入修道院！

修道院，我來了！

「諸行無常，世間一切都是變化不定的。」——佛陀

二〇一七年三月——前往修道院的前一晚

我不是個愛自拍的人——差之遠矣。別誤會，我這個人其實和其他人一樣虛榮。可是說穿了，你能對著自己的照片看幾次呢？我真是搞不懂。但是我現在就站在站在客廳裡，盯著我的頭髮，準備自拍。

我對著鏡子檢查自己，把頭髮盡可能的往後拉，看看會是什麼樣子。唔嗯嗯……不太能確定。我把頭轉向左邊，從側面看，也沒有好到哪裡去。我拿起手機，把鏡頭轉向，拍一張只有腦袋瓜的照片。拍啊——拍，然後伸出一隻手指頭，設法擋住頭髮的地方，可是這招並沒有奏效，得用其他的方法。

我到APP商店搜尋：「一秒鐘變光頭。」

我滑動螢幕翻看不計其數的選項，決定用 Baldify——變光頭〇．九九美元。其實我是覺得自己光頭看起來會很可笑，所以才不願意理光頭，可是時間不等人了。我老婆的美髮師潔西卡已在過來的路上。她每個月到我家幫莎拉剪一次頭髮，通常我也就順便修一下頭髮。那天稍早我打電話跟她緊急預約剪髮。那個App終於下載完成。

才剛把程式點開，就聽到大門開啟又關上。

「哈ㄚㄚㄚ囉，老公，我回來了。」莎拉說，「潔西卡也來囉。」

在老婆親吻四個可愛的孩子和他們打招呼時，潔西卡把我家的浴室變身為臨時美容院。我把手機放進口袋，在椅子上坐下來，明白自己剛剛白白浪費了〇．九九美元買那個App。潔西卡用一塊黑色罩衫裹著我，我看著鏡子裡的自己。我有一頭難以梳理的金色捲髮，從小便成了我的招牌，就像當年瑪丹娜的美人痣、方西（Fonzie）的夾克、說唱歌手尼利臉上的OK繃一樣，這是我的招牌。我一向戴著頭帶或滑雪帽，而金色捲髮總是會跑出來。雖然這個決定十分重大，但我的心意已決。我要理光頭！

「莎拉，」我喊道，「要開始囉。」

我需要老婆在旁邊看著；這是個感人的時刻，我需要她的支持。

莎拉走進浴室，嘴上叼著一塊蝴蝶脆餅，就像叼了根雪茄似的。

「我再問一次，老公，」她說，「你究竟是為什麼要理光頭？」

「因為這是必須的。」

「必須的？」

「我要去的是寺院，你傻啊。」

「這太扯了。太荒謬了。你不覺得你有點……極端嗎，傑西？」

「極端？怎麼會。我必須這麼做。光頭是寺院的基礎常識。頂著滿頭的頭髮去會顯得不尊重。」

莎拉咬一口她的蝴蝶脆餅。

「我不敢相信我竟然同意你這麼做，」她說，「我真的不敢相信我竟然同意了。」

房間裡想必有回音。我們的婚姻裡有一個已知的事實，就是當莎拉跟我說什麼讓她煩惱的事時，她都會說兩次，有點像電影《四海好傢伙》（*Goodfellas*）裡的吉米兩次那樣，只不過莎拉不是義大利的黑手黨。她是我最重要的人。

「我知道，老婆，」我說，「所以我才愛妳啊。」

「動手吧，潔西卡，」她說著又用力咬一口蝴蝶脆餅。「全部剔光。」

潔西卡把剃刀插上電，打開開關。聲音聽起來宛如一群發怒的蜜蜂。電流在耳邊嗡嗡嗡嗡響時，我閉上眼睛，感覺到冰冷的金屬牙齒碰到頭顱底部。潔西卡慢慢的把電動刀滑到我的頭頂，我低頭看金色捲髮從罩衫上彈開，掉在地上堆成一小堆。我再次閉上眼睛，等睜開眼時，看起來倒比較像是美劇《絕命毒師》裡的沃特·懷特，而不像電影《甘地》裡的出家僧。

我和莎拉在接下來的一個小時都盯著我的光頭看，不過我們讓孩子們準備上床睡覺時，我一直在偷瞄鏡子。我們有四個孩子，都不到七歲，所以組織和效率是成功的關鍵。我們設計了一種人工洗車的方式。莎拉帶兩個三歲的兒子進去浴室，幫他們洗澡。她幫他們洗身子，他們則負責潑水。然後她把他們從浴缸裡撈起來遞給我，我負責用毛巾幫他們擦乾身體，幫他們穿上尿褲，再穿上睡衣。同時，七歲的老大拉澤接著進入浴缸。壓軸的是十五個月大的女兒。整個過程約二十分鐘。

然後接著便是媽媽的說故事時間，和爸爸的蓋棉被睡覺時間。

次日早上我處於全面忙碌模式，完成此行最後的準備。我列了一張孩子們排定的活動表給莎拉（雖然她的行事曆上也有），幫她綜合「要做事項」與「東西在何處」：幫孩子們拿香蕉脆片、晚上鎖門、足球鞋放在哪裡。我把這些抄寫在便利貼上面，然後貼在冰箱門上，這時抬頭發現莎拉在盯著我打開的行李箱，那副樣子就像是緊盯著掉落許願池裡的銅板似的。我的行李箱裡面有水果和蔬菜——很多很多的水果和蔬菜。我帶了幾十根香蕉、二十六顆蘋果、三袋有機胡蘿蔔、三十顆橘子、一盒菠菜、三根西洋芹——裝飾用。我自己打包的。

二十七年來，我在中午之前只吃水果。快速的解釋一下，大部分的消化作用都需要消耗大量能量，而這就是在吃一頓大餐後會感到很累的原因。所以如果我們簡化消化作用，在消化過程中使用較少能量的話，就可以釋出更多能量去做其他的事。水果只要正確的吃，可以達到超有效率的消化。所以我要確保自己在寺院時的供應量足敷所需。誰知道那些出家人吃什麼呢？事實上除了在電影裡看到的修道士以外，我對他們一無所知，唯一的印象是他們的個子小小的、具有靈性的、安靜的、夾雜著智慧。但在電影裡從來沒有看到修行人吃東西——很怪，對吧？

「我以為這裡面一定有衣服的。」莎拉半說半問。

「有啊，親愛的。」

「你帶了袈裟嗎，大聖？」

「哈。我還真是有想過，可是他們可能會發給我一件，對不對？」

「我是開玩笑的。」

「我可不是。我要全副達賴喇嘛的打扮：袈裟、涼鞋，全套的。」

「涼鞋？」

「必需的。」

「這地方不是在佛蒙特州嗎？」

「在紐約州北部。」

「現在可是三月中旬，傑西。那裡的積雪說不定有四英尺深。」

「雪不是什麼大問題。現在氣溫是攝氏二十二度，陽光普照。心靈戰勝一切。

再者，我可能有半天時間都在打坐。」

「打坐？這倒有意思。呃，我要怎麼說呢，傑西？你根本就不可能坐著半分鐘不動，更別說是半天了！就在上星期你朋友的婚禮上，你還一直拍著奧蘭多的肩膀，等他轉過來時，你卻裝睡。你是最不可能去寺院的人了。」

「我愛妳，」我說著吻了她一下，「可是我得走了，等我降落後再打電話給妳。」

Uber 駕駛員在達美航空入口處旁邊讓我下車，我把背包甩在背上，推著裝放農產品的行李走過人行道。時間還很充裕，飛機還有一個小時左右才起飛。電動門開啟，我步調不變的走進亞特蘭大機場。辦理登機的櫃檯就在眼前，沒有人在排隊，於是我向工作人員走過去。她用「能為您做什麼服務」的喬治亞州式甜美笑容招呼我。

拿到登機證後，我便四處走動，不是要買東西，純粹只是在殺時間。我快速進出幾家商店，活在自己的世界裡，直到聽到：「最後一次呼叫前往二六一航班前往阿爾巴尼的旅客盡快登機。」

好戲開鑼。

我用競走的速度直奔登機門，成為最後一個登機者。

我的座位是在2A，坐在2B的傢伙點了一杯血腥瑪莉。他看起來有點像是個沒有做好準備的高中代課老師，身上有某種東西在吶喊著：「我正處於過渡期！」或許是他不合身的西裝，也有可能是他的遮禿髮型，不論如何，我再次望著他時，他咧嘴笑了起來。

空服員拿一罐V8和兩小瓶伏特加給他。

我通常不太喜歡與在飛機上與鄰座閒聊，特別是早上十點喝血腥瑪莉的人，可是有時候還是避免不了。

「阿爾巴尼。」2B打開第一瓶伏特加說，「不是上帝的頂尖作品。」

我設法對他露出真心實意的笑容，但很難。我忽然想到應該拿出日誌開始振筆寫點東西。大部分人都很聰明，看得懂這個暗示。於是我便開始寫，但又不知道要從何寫起，於是信手寫來——想到什麼便寫什麼。過了一會兒覺得開始進入狀況，直到……

「你在做什麼？」2B問，一面就著滿到邊緣的塑膠杯大聲啜飲。
「我是一個創業者，」我說，「不過我現在全心放在好好生活。」
「很好啊……但很奇怪。」2B說。「你去阿爾巴尼做什麼？」
「唔，說到這個，」我說，「我是要去寺院住。」
「特地去的？」

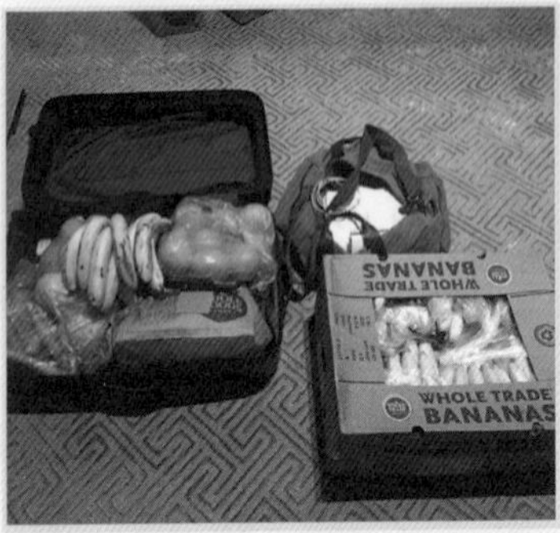

全部打包妥當！

第一個路標

「千萬別發緘默誓！」

「真正的智慧是承認自己無知。」——蘇格拉底

老友特尼．達夫聽說我要來紐約，自願到阿爾巴尼機場接我。我走出航站大廈，便看到他站在停車場，靠在他的 Honda Civic 混合動力車上吸菸。我朝他走去，他吐出一口菸，直接望著我的頭頂。

「你生病了？」

「沒有，」我說，「我跟你說過了，我要去寺院住。」他點點頭，好像剛剛才明白。

「我上一次理光頭是在去勒戒所做治療的時候。」

「現在倒好像是我要去那樣的地方一樣。」我說。

「你幹嘛理光頭？」

「我想要找到讓自己成為更好的人的方法，就是去學習如何培養更好的習慣、

更好的規矩、更好的心態，然後可以跟別人分享這些祕訣。」

「做這事得要理光頭？」

「哎，起碼遠離手機、遠離社交媒體是件好事。我的意思是說，你想想看若是愛迪生成天掛在Instagram上的話，他還會發明電嗎？」

「我相當確定富蘭克林才是發現電的人。而且他不是『發明』電——是『發現』，你這個蠢蛋。」

「意思一樣啦。謝謝你來接我。」

「不用客氣。我在想，要是你在寺院變聰明了，那麼，我也有可能因為有參一腳而發生變化，對吧？就像有遞移性那樣？」

「特尼，我是愛你的，但是恕我直言，你只是開車載我到那裡，不算是參與。」

「那你現在就從我的車裡滾出去。」他笑說。

我在把行李丟進他的後車廂前，檢查了一下我的水果蔬菜。**見鬼了**，所有的香蕉都變成褐色的。真要命，一定是飛機行李艙溫度太低的關係。

「這會嚴重打亂我早上的習慣。」我說。

「你在擔心早上的習慣被打亂？你是要去跟修道士住的人哪，」他說，「習慣是你最不需要放在心上的事。」

「你覺得會很難嗎？」

「比你以為的難。這和跑馬拉松不一樣，」他說，「跑馬拉松是在幾個小時裡完事，然後就可以坐在沙發上輕鬆休息。可是在寺院裡是無處可逃的。」

「你可能說得對，可是你懂他媽的什麼跑馬拉松？」

他不理會我的問題，我則繼續檢查我的水果，結果發現還有兩根香蕉是黃色的，上面有一點點的咖啡色斑。其他所有的香蕉全爛掉了。我給特尼一根。

「我不吃水果，」他說，「除非是Pop-Tart餅乾裡面的。」

我們坐上車。好吧，我實在找不到委婉的說法——他的車子實在太噁心，一股菸灰缸味，車子地板上都是空可樂罐，座椅上則是看起來有動物的毛。

「你養寵物？」

「沒有啊，」他說，「為什麼這麼問？」

「沒什麼。」

從機場到新精舍大約一小時車程。車子走了大概半小時，我便發現地上的積雪量。馬路兩邊的雪堤讓人感覺好像我們是坐在雪橇上，途中經過的城鎮和街道名稱看起來像是拼錯或是亂拼的字。其實我這麼說不太公平，因為一九八〇年，我在六年級的拼字比賽第一輪就被淘汰。而且我說的是最初的那一輪，而不是全校性的比賽——我連班上的拼寫比賽都過不了。我要寫的單字是bicycle（腳踏車），我用發音拼寫成bisickle。

可是後來我們經過Hoosic River、Requate Road、Marpe Road、然後是Clum Road。他們看起來好像是每一個名稱都漏掉一個字母，要不然就是我在拼字方面還是個遜咖。因為我沒有和特尼閒聊，所以便google這些街道名稱來消磨時間。「Hoosic」是阿岡昆印第安的字眼；「Requate」是姓；「Marpe」是希伯來文吧，我想；「Clum」是古英文，意思是「安靜的」。但是這些字並沒有意義，希望這不是預示即將要發生的事情。

過了一會兒，特尼問我餓不餓，突然我自己也覺得肚子餓了。我們在班森餐館前停車。這家餐廳看起來可能原本是住家。停車場已經半滿，停的全是貨車（在保險桿大多都貼有狩獵貼紙），而且幾乎所有的車都附有犁雪器。走過停車場時，雪在我們的靴子底下嘎吱作響。

「我在想他們這裡可能不會打精力湯。」我說。

「嗯，我猜他們這裡可能有供應活野牛肉。」

＊

我猜得沒錯——沒有精力湯。不過他們的菜單裡有沙拉，我點了兩份沙拉，並請女服務生等我吃完第一盤之後，再上第二盤。特尼點乳酪條、馬鈴薯皮、半生熟的乳酪漢堡、炸薯條。他的體重不到一百四十公斤——甚至連一半都不到，真是令人嘆為觀止。喔對了，還有一杯健怡可樂。

「我休息時的新陳代謝率高。」他解釋說。

我心中暗想等我回去之後，要多跟他開導一下健康的重要。終於，女服務生端來第一輪食物。她放下我們的餐盤時，我認為這應該是問她知不知道這座寺院的好時機。我的意思是說，我們已經很接近寺院了，所以……

「請問一下，我們要去新精舍，」我說。

「你是愛狗人士嗎？」

這是什麼奇怪的回答，我心忖。女服務生笑了。

「不是。我是要去那裡，」

「價位不便宜喔，可是那些小狗真是可愛。」

「不好意思，」我說，「我其實是要去修——」

我的話還沒有說完，她已經遁入廚房。我看向特尼，看他是不是跟我一樣丈二金剛，沒想到他正在不亦樂乎的吃著他的油炸食物。

吃完午餐回到停車場時，我告訴特尼在上路前我得先打幾通電話。聽說修道院沒有手機訊號，所以我覺得應該在沒有網路訊號前打完最後一通電話。我正準備打電話給老媽時，就有電話打進來的嗡嗡聲響起。我看手機螢幕，是我的朋友朵瑞，紐約市的一位瑜伽老師。她是我的好友之一，只不過我們很少通電話，希望沒有什麼事才好。

「喂——」

「謝天謝地我找到你了，」她不假思索的脫口說出，「我看到臉書了，你要去修道院住？」

「不是去住一輩子。」我說，「怎麼了？」

「可是那裡不能講話，對不對？」

「不知道，」我說，「大概吧。你最近好嗎？」

「不論你做什麼事，千萬不要發緘默誓。」

她說「發誓」這兩個字時，聽起來像是一批被吉姆．瓊斯（Jim Jones）摻了迷魂藥的人工果汁飲料 Kool-Aid[2] 一樣。

「等等，為什麼？」

2 譯注：一九七〇年代，吉姆．瓊斯在南美洲買下一大塊地，在上面建立了人間天堂。一九七八年辦了一次餐會，請大家喝 Kool-Aid，喝完大家都中毒死了。還有一些沒有喝的人，吉姆．瓊斯的護法就用槍掃射，之後再朝彼此開槍。吉姆．瓊斯自己也舉槍自殺。

「我的朋友，他去一個不說話的修行中心七天。中心的人員後來跟他說他可以說話時，他便說個不停，根本停不下來。他就那麼一直說啊說的說個不停。」

「蛤？」

「他從那之後就再也沒有停止說話，」她說，「情況嚴重到後來被送進精神病院。」

「不會吧？」

「我沒有騙你。我去看過他，他就坐在椅子上對著牆壁講話。」

「呃，這不是我到那裡之前想要有的談話。」

「對不起，可是我是說真的。若是他們要求你不講話，要堅決說不。」

從有網路通向無網路的道路

收不到訊號了

「活在當下，否則會錯過人生。」——佛陀

一種不安的感覺一直延續到我吃了兩份沙拉的胃裡。我正在邁向生活步調大幅放緩的狀態。

「你還好吧？」重新開始上路後特尼問。

「不太好。朵瑞說有一個人在發緘默誓後，被送進精神病院。」

「為什麼？」

「因為他一直在講話，停不下來。」

「他都說些什麼呢？」

「我也不知道，只希望我不會發生這個現象。」

特尼告訴我，距離修道院大概還有八公里。我回頭從後車窗看向外面。本田車的輪胎在冰上轉動，然後抓住鄉間乾燥的道路。我們已置身於紐約州一個鮮為外人所知的地方。人們常把紐約與摩天大樓和《今日秀》（*Today Show*）外的人行道聯想在一起，可是遠離大城市的紐約州北部地區是鄉下，道道地地的鄉下。我說的就是那種當地人不想讓你知道的私房鄉下。我們穿過一個「鄰居」這兩個字看起來還有點意義的小鎮，是一個安靜古雅、有個性的地方。

我搖下車窗，一陣強大的冷空氣撲面而來。在路面滾動的輪胎發出一種有催眠作用的嗡嗡聲。我注意到氛圍有所變化，感覺不一樣了。我看了看特尼，看他是不是也注意到了。

「這裡感覺很有出家人的味道，」我說，「你感覺到了沒？」

「這裡感覺他媽的太不正常了，我的感覺就是這樣。」

我們經過被雪覆蓋的農田，上面有舊穀倉和看起來快要倒塌的房子。我開始被這些景象迷住，這時又意識到還有一些簡訊和電子郵件要發送，於是給莎拉發了一封簡訊，然後敲下發送鍵，但手機左上角的那個小圓圈失控地旋轉起來。我已經不在手機訊號區內，正式脫離網路了。

我們穿過另一個小鎮，開始走上坡路。除了白雪覆蓋的常青樹，其他樹木都是光禿禿的——只有一些有點詭異的枝椏。我們置身荒鄉僻壤，意思是鳥不生蛋的地方。就算是雇用海豹來找我們，他也得花費很大的力氣才找得到我們的所處位置。終於，我們看到一塊木頭牌子，上面寫著：**新精舍**。

特尼的車越爬越高，但這條路似乎越來越窄，也越來越危險。雖然太陽已經出來了，一分鐘前還照得白雪閃閃發光，但現在在參天的松樹下面，光線卻是幽暗的。他的車繼續在路上爬坡，感覺有如在雲霄飛車的鏈吊上。上山幾分鐘後，我終於發現了大自然以外的東西。

右邊是一幢大型的綠色建築，看起來很工業化，是一種大型的活動屋建築。再往上四十五公尺，有一幢類似的建築在望。我們把車駛向更高處。在路的盡頭，一叢一叢的白樺樹展開，我看見修道院了，那是一座只有一層樓高的建築，是用漆成鏽紅色的穀倉板搭成的。除了屋頂上有十字架外，看起來像一棟滑雪小屋。等等，啥？十字架？不只是十字架，還有底部像你在聖彼德堡看到的那種金色洋蔥狀的大燈泡，但我說的不是佛羅里達的聖彼德堡。

「哇靠。」我說。

「大哥，別把『哇』和『靠』這兩個詞搭配在一起。」特尼應道，「在這裡不行。」

「這不是……」

「你期待的是什麼？」

我應該對這個地方多做點功課才對。可是因為不想對要進入的領域有任何先入為主的概念，所以我對這整個是基督教的事情有點傻眼。我是在長島的一個猶太小鎮長大。我是說，成為佛教徒是一回事，但基督教？我知道基督教有修道士；我只是沒有想到自己會成為他們中的一員。

我欣賞這裡的景色。這座修道院是從山側開闢出來的，四周全是松樹和其他在冬季裡光禿禿的樹。莎拉說得對。雪積了約有四英尺深，把所有的聲音都蓋住了，這地方完全沒有一點聲響。我們下車的時候無比的安靜，我幾乎能聽見自己的心跳聲。當人總是被噪音包圍的時候，沒有聲音會讓人產生有幾分不安。

「你聽到沒？」特尼說。

「聽到什麼？」

「聽起來好像……一點聲音都沒有。」

我和他穿過被雪覆蓋的停車場，走到鏟過雪的人行道，然後放下行李箱拉著走。輪子在人行道上滾動時發出的聲音，聽起來就像保齡球在球道上滾，回聲回蕩——回蕩——回蕩——回蕩。

「把它拎起來，」特尼說，「太吵了，你會嚇到那些修道士。」

我從善如流。

修道院的主建築是用漆成紅色的木板搭建，斜尖的屋頂上覆蓋著三十公分厚的雪。在大樓前面有一座兩層樓高的木造鐘樓。在我們的右邊有另一個建築，隔著一個走道，屋頂上有幾個十字架。然後我便發現了那扇黃色的門。

我去之前和修道院唯一的聯絡就是一封電子郵件——僅此而已。我拿出那封信，看了一下當中的說明。信上說到達後找到那扇黃色的門，然後把門打開。信中特別寫說：「不要按門鈴。」

我們接近入口通道時，門鈴旁邊的門上有一個標誌。

「**不要按門鈴。**」

好吧，我明白。他們不想聽見門鈴響。因為門鈴聲等同噪音。

我打開門，躡手躡腳地走進入口。那裡實在是安靜得要命。

我立刻就覺得自己好像是一頭栽進圖書館中一本未被打開過的舊書裡。如果修道院有氣味的話，就是這種氣味——介於營地和殯儀館之間的麝香泥土味。牆上有一些男子團體合照的舊照片。有些照片是黑白的，裡面年輕的臉孔上面頂著黑髮，但在其他的照片中（有些是彩色照片），這些臉孔變老了，頭髮也白了。

特尼跟在我後面，我們沿著幽暗的走廊走過去，想找人幫忙，但是這棟樓裡連個人影也沒有，像圖書館一樣安靜。我們繼續前行，沿著走道通向餐廳，裡面的長木桌排成長方形，四周都是木椅。我伸出頭往門口瞄一眼，看見一個人坐在另一頭。他一個人坐在那裡，一副熱心的樣子。或者該說他是我唯一的選擇吧，不論如何，我慢慢地走向他。

他旁邊的地板上躺著一隻大型德國牧羊犬，但牠的頭連抬都不抬。

「你想必就是傑西了。」那人站起來說。

他是年輕潮人的真實寫照，留著蓬亂的鬍鬚，稀疏的棕色頭髮，戴著眼鏡，穿著深藍色的運動衫。我告訴他我就是傑西，接著介紹了特尼，然後大家握了握手。

「這地方還好找吧？」

「好找，拜GPS之賜。」我說。

「那就好，那就好。我們這裡有點偏僻，但我們喜歡這樣。」

「我應該是要和克里斯多福修道士談一談的。」我說。

「嗯，我就是。」

「你就是克里斯多福修道士嗎？」

「你聽起來很訝異啊。」

「對不起，可是你跟我預期的不一樣。」

「啊！預期，那通常會讓人失望。那麼，你預期的克里斯多福修道士是什麼樣子呢，朋友？」

我用手摸了摸腦袋上的髮茬。

「哦，」他看著我那幾乎光滑的腦袋瓜說，「我們這裡的人都有頭髮，除了那些因神的旨意掉了頭髮的弟兄之外。」

神的旨意？神賜予我頭髮，而我卻主動把它給剃掉了。

特尼看著我，聳了聳肩。我有一種感覺，好像我在第一天上學的時候了迷路，或者是走錯了教室。我原本希望體驗的是佛教僧侶的生活，然而卻遇到了一個貌似每個週末都會帶著一隻大狗在市集賣東西的溫和有禮男子。

就在這時，克里斯多福修道士的德國牧羊犬醒了過來，並發現了我。

「她叫蕾莎。」

牠快速的聞了一聞，便飛快跑向我那只裝滿爛香蕉的行李箱，狂搖尾巴，抓撓我的行李想把它打開

「蕾莎，坐下。」他說。

那隻狗立即後退坐下。

「哇，真聽話。這隻是看門狗嗎？」我問。

「多多少少有一點。」他大笑。「請坐。」

原來克里斯多福修道士對我的了解比我對他的了解要多得多——他看過《和海豹特種部隊生活的31天》。他說到這一點的時候，我開始想起裡面所有的髒話，感

到一陣尷尬。海豹在我的書裡諸如「去啊！上網查我啊！你這個王八蛋！」之類罵人的話湧進我的腦海。克里斯多福修道士在看的時候是怎麼想的？他是在同意讓我住修道院之後看的嗎？他已經後悔了嗎？還是他會突然站起來吶喊：「這是靜默測試，你這個王八蛋。」

當然不會。

雖然我還不太了解他，但他有一種讓人安心、溫柔的態度，讓我立刻感覺輕鬆自在。

「我看得非常開心。」他說。

「謝謝你！非常感謝。」

「這本書是發自肺腑的。」克里斯多福修道士補充道，「讀起來有看電影的感覺。海豹和修道士有很多相同的特質。」

什麼？這些修道士也每天做兩千五百下伏地挺身、強撐著骨折跑步、在缺氧的帳篷裡睡覺嗎？

我開始懷疑克里斯多福修道士是否真的看過這本書。

「你應該邀請海豹到修道院來。」

「那還真是有得可瞧的。」

「你還有跟他聯絡嗎？」

「有的。」

「你還有跟他去冒險嗎？」

事實上……六個月前我和海豹去洛杉磯，想去談下一個電視合約。當時我認為（現在依然如此認為）這個故事很適合拍情境喜劇，像是《新鮮王子妙事多》（*Fresh Prince of Bel-Air*）遇見《藍波》（*Rambo*）。他們怎麼可能抵擋得了呢？或者說我是這麼想的。

於是我便把這個故事告訴了克里斯多福修道士，但跟他說的是不適合十三歲以下兒童看的特別輔導級版。

我和海豹是分頭去洛杉磯，第一天早上在我住的酒店碰頭。在去世紀城西部的路上，我在 Uber 車上向海豹說明這次會議的重要性，並設法用能引起他興趣的語言表達：「我的任務就是在我們離開洛杉磯之前，談成一份拍電視影集的合約。我們有四十八小時搞定它。」

海豹慢慢把頭轉向我。我熟悉他的表情。

「**媽的你認為這叫任務？**」他說，「一件任務？這不是任務，傑西。你不知道什麼是任務。這充其量不過是一個想要的欲望，欲望和任務根本不是同一檔事。一個任務？你他媽的知道什麼叫作任務？？？」

他說的任務很像是──《不可能的任務》系列電影（*Mission: Impossible*），然而我卻一部也沒看過。

我認為這「任務」兩個字有一點商榷的餘地，不過我沒有傻到去反駁他的說法。我看見司機從後視鏡偷瞄我們，但當海豹發現他的目光時，他便快速移開視線。接下來是一陣長時間的沉默，車內一片寂靜。

司機開始加快車速。海豹看上去肝火比剛才更旺，而且他的情緒貌似越來越激動。每經過一個街口，他的火氣看起來就更旺盛。最後他開始擺弄安全帶，而這個動作就像指間陀螺似的化解了他的火氣。

「我若是不計較的話，會說這是你的目標。」他最後說，「但不是任務。」

收到！我銘記在心，心中暗暗記下，對海豹要小心使用「任務」這兩個字。

在一些圈子裡，海豹被認為是地表一等一的硬漢。因此，你需要了解的最重要一點是，海豹對屁話是零容忍。這是我在他身上學到的第一課。無論如何，我們都認為我們來洛杉磯是有原因的。而且我知道沒有海豹就沒有這本書——而沒有書就沒有電視合約。

司機讓我們在福斯攝影棚泊車前面下車。我們是要去見傑夫，也就是我們的傑瑞·馬奎爾[3]。我對海豹說了一大堆傑夫的好話，希望他不負所望。傑夫走過來時，身上穿著一件醒目的細條紋西裝，在加州的陽光下顯得格外耀眼突出。他的笑容同樣燦爛，唯一缺少的是在他慢動作的走路之際，有一首讓人容易上口的主打歌。他雖不是典型的好萊塢經紀人，但看上去像是那樣的人。傑夫走到距離大約三公尺遠處，海豹轉過身來，看著我們的人。

「這個搞笑的傢伙到底是誰？」

「他是我們的經紀人。」

「唔，為什麼我們去他媽的經紀人要噴香水？」

我祈禱傑夫不要用「任務」這兩個字。謝天謝地他沒有用。

那天我們安排連續兩場會議，ABC和福斯。我們的計畫是讓請來的編劇和我們去他媽的經紀人來講述故事情節，我們會在適當的時候插話配合。

福斯的會議是所有的人聚集在一個巨大的會議室裡進行，就像電影《勇者無敵》（*The Warriors*）的開場，城裡所有的黑幫在布朗克斯區召開特別會議。一個是福斯幫，一個是CAA（創意藝人經紀公司）幫，一個製作公司幫，還有一個**和海豹特種部隊生活的31天**幫。只不過他們穿的不是自己幫派的「制服」，而是商業裝束，除了我和海豹以外——我們穿得很休閒。會議規模實在太大了，感覺像是助理們的助手也在裡面做筆記。

看到對面桌那些人的平均年齡，我大為震驚。所有的決策者好像都不到三十歲——無論男女，而且天哪，個個口若懸河。九十分鐘的談話——談話——談

3 譯注：電影《征服情海》的男主角。

話——再談話。人人都在自我推銷。

但這種氛圍並沒有發揮作用，我看了看海豹，看他是否也注意到同樣的現象。我想他比我早八十九分鐘就發現了，但他高度聚焦在面前的簡報上，整個會議不發一語。我之前說過，他無法容忍屁話——我看得出他受夠了。不過他們一直說個不停。

會議快要結束了——這是必須的——對吧？

這時，一位年輕的女主管朝海豹微笑的點了點頭。

「嘿，你，」她輕笑著說，「你要不要講一下？」

海豹站了起來，房間裡鴉雀無聲。

「我只在有睿智之言要說的時候才會說話。我說話不只是為了聽自己說話。」

轟——這是整場會議中說出最睿智的話。

會議結束了。接下來是ABC，但情況並沒有比較好。

第二天在哥倫比亞廣播公司（CBS），我告訴傑夫讓我和海豹來做故事的簡報。我想我們可以講得更好，因為**我們就是**故事的主人翁。正如我一向告訴年輕企業家：「你自己就是商業計畫。」

這一來情況就好多了；我們最後在CBS敲定合約。

＊

「但那筆交易後來化為泡影。」我說，「所以我們還在找買家。」

這時克里斯多福修道士站起身，莞爾。他的狗也起身，但沒有笑。

「好吧，那我們就趕緊開始吧。」

空蕩蕩的小房間

「人能至心求道，明師自會顯現。」——佛教諺語

克里斯多福修道士帶路。其實沒有什麼可看的。廚房的大小和小夏令營裡的廚房差不多；有一個有賣書的小禮品店，一間會議室和一間小型閱覽室。我們三個，那條狗，還有我拖著裝滿香蕉的行李箱，跟在我們的導覽修道士後面，他一面給我們講了一段關於新精舍修道士們的簡短歷史。這個名稱來自希臘單字Skete，意思是修道士的小型修會。最早的精舍出現在幾千年前的埃及。新精舍修道士剛開始是屬於羅馬天主教聖芳濟會，但後來大約有十幾個修道士請求允許分出去，去找尋更有熱誠、更有修道院氣息的修行方式。

他們最初搬到賓州西北部的一個狩獵小屋，後來在一九六七年以每英畝五十美元的價格，在紐約劍橋村附近的雙頂山上買下五百英畝土地，然後在當地人的幫助下，親手建造整個修道院。

「修道士們一向是以名副其實的方式自給自足。」走過鋪設木頭地板的走廊時，克里斯多福修道士對我們說，「我們修道院的創始人們盡其所能的養活自己，包括從事農耕、做木工、畜牧飼養。」

我看見特尼強忍住笑意。他腦子裡想必出現了孤獨牧羊人的畫面。

「當然，當我們轉向狗（went to the dogs）的時候，一切便不可同日而語。」轉向狗（went to the dogs，意思是每況愈下）？我沒聽懂。修道院的情況看起來好像還不錯啊。

克里斯多福修道士停下來，打開一扇通往一間狹小且空蕩蕩的臥室的門。

「你就睡在這裡。」他說，「希望你覺得舒適。」

我在修道院的房間大約有二．四公尺長，一．八公尺寬，差不多是一個大衣櫥的大小。沒有電視，沒有電腦，要啥沒啥。事實上，裡面只有一張單人床，上面鋪著褪色的紅色格子床單，還有一條薄薄的灰色毯子。床邊是一張有一盞燈的舊床頭櫃。就只有這樣，牆上空空如也——地上也空無一物，沒有任何東西可讀。

浴室很小，有一個淋浴的空間，看起來像是給一個身高一百四十公分的人用的，托盤裡有一塊用了一半的肥皂。這間浴室讓我想到出租露營車裡的浴室。馬桶也特別低。我立刻意識到我已經不在堪薩斯了。這是真實的。我在做一些改造——不一樣的事情。我已經走出了自己的舒適區，即將接受考驗。**我總是告訴自己，除非付諸取行動，否則我無法成長。**環顧那間空蕩蕩的小房間，我意識到自己已進入行動模式。

這時克里斯多福修道士用那雙銳利的藍眼睛直視我的靈魂。他靠得很近，距離我的臉只有兩吋遠，我覺得他在誘使我進入某種站著催眠的狀態。他好像是一個紐約來的潮人，走進電話亭再走出來，就變身成為修道士。他身上有一種完全不同的氛圍。我不知道接下來會發生什麼，但我預知危險接近的感應告訴我這個變化很大。我能感覺到能量在轉化。

「你是為了什麼而來到這裡的，傑西？」克里斯多福修道士低聲而有力地問道。

「我為了什麼？」

他在等我回答。

「我為了什麼？」我又說了一遍。

「是的。」克里斯多福修道士說，「你是為了什麼？」

我的單人小室

我必須活得像是明天即將死去

「人生最大的挑戰在於發現自己是誰；第二大挑戰就是樂於接受你的發現。」——佚名

回到阿歇特辦公室

「那你是怎麼回答他的？」凱特問。

我移開和她接觸的目光，環視了一下房間，然後站起來伸展腿。我們已經在會議室裡待了一個小時。

「我沒有告訴他真正的原因。」我最後說，「這是問題的一部分。」

我解釋說，以我想去那裡完整的體驗出家人的生活而言，我的初衷是純粹的，但心中深知自己去那裡是為了寫一本書。

「他們知道你可能會寫一本書。」凱特說，她知道我在想什麼。「但這不是問

題。」

我估計修道士們是知道的，但這的確不是真正的問題所在。問題在於這個感覺並不正確——我好像少了一個步驟。有一句老話說：「真實性勝於一切。」這句話在我耳邊迴響。我來回走動以促進血液循環。我在思考，而凱特則看著我思考。

最後我又坐了下來。

「我只是不確定，」我說，「我不知道寫不寫得出一本書來。」

她想要我繼續說下去……我也想要自己繼續說……可是……

「我是有這個，」我說著把我的日誌滑到桌子對面。凱特把它拉過去一點，然後打開，開始讀我寫的第一篇：「如果我明天就要死去。」

二〇一七年三月——

我在飛往修道院的飛機上，我隔壁的2B坐了一個搞笑的傢伙。他想聊天，可是我不想，於是便來寫第一篇日誌，避免和他聊天。我覺得他在設法看我在寫什麼吧。他假裝伸長脖子來回轉動，但我能感覺到他的眼睛一直想偷瞄這裡。我不理他……我向自己保證會詳細記錄在新精舍生活的點點滴滴，以便多年後再回頭看。誰知道呢，說不定這東西可以傳家？說不定會有一些能和別人分享的智慧；也說不定只是浪費時間而已。但只有一種方法可以找到答案，這是我的一貫作法——展開這個過程，自始至終參與其中。無論是商業風險投資、大型賽跑，還是新的挑戰，我總抱持「邁出第一步，之後再想辦法」的態度。

我已經為這次冒險做好準備——我想。我沒有什麼具體的計畫，只是會盡量堅持到最後，但我知道做到並不容易。值得的事情皆不容易。我坐在飛機上時，覺得已經準備就緒，準備好走進出家人的生活——看看他們有些什麼。

但由於某種原因，我現在心情激動，真的很激動。也許是因為害怕離開妻兒，不能和他們聯繫。這並不是說我有不好的直覺，而比較是因為我這幾天不能依靠直覺了。我不太適應這種感覺。科技和生活的步調讓我蛻掉了靈性直覺。我整個職業生涯和個人嚴重依賴的超能感官已經淡化了。

因此，在過去的二十四小時裡，瘋狂的想法湧進了我的腦海。我在想什麼？我在想的是最壞的情況。我對離開家心懷愧疚。萬一孩子們出了什麼事，而我不在家，無法防範，該怎麼辦？萬一莎拉出了什麼事怎麼辦？萬一我出了什麼事怎麼辦？萬一我發生什麼事情，那豈非最自私不過的事情……一齣因為我想擴充我的沙盒而導致的悲劇，而不是我想出去……

如果我明天就要死去……

我會想念孩子們的歡聲笑語。

我會想念妻子的雙手、迷人的眼睛和柔情的撫摸。

我會非常想念友人和家人。

我會想念一切我想要實現，但沒有時間去做的事。

我會懷念生活中的刺激。

如果我明天就死了，一百年後會有人在乎嗎？我在有生之年做得夠多了嗎？我會有什麼遺憾？我有成為自己理想中的那種人而被大家記住嗎？我做每一件事都有百分之百的投入了嗎？我是充分利用時間，還是浪費光陰？我是否花時間做最重要的事情，並和最重要的人一起度過？我盡了最大的努力嗎？我是不是言而有信？我活得有尊嚴嗎？我活出最精采的人生了嗎？

我必須活得像是明天就要死去……

在凱特的辦公室

「挺好的。」凱特翻到下一頁時說。

「謝謝，這些是我在路上寫的。在飛機上。發自肺腑的。」

「你不介意我繼續往下看吧？」

第二部

修道院日記

進入修道院的門。這會是很有意思的體驗

第1天
兩萬一千六百分鐘的空白

「只有獨處，你才能找到自己的力量，而不是從別人身上發現。」——佚名

大學開學的第一天，教授們通常會分發一份課程大綱，概述一整個學年課程的內容，我們稱之為教學大綱日。我很喜歡這個日子，因為一整天根本就是無所事事，除了認識一些人之類的。我猜你可以把今天稱為我的修道士教學大綱日，只不過我並不確切知道住在這裡的日子會是什麼樣子。我仍然摸不著頭緒。

晚上九點半，我在那間聞起來氣味有如奶奶家櫥櫃的小破舊房間裡。這裡有一種能量——我感覺得到。這種感覺像是有人已在這幾面牆壁之間做過一些非常聰明的思考，但是很安靜（**安靜得離譜**），而且又黑又嚇人。房間裡沒有地方可容我攤開行李，就只好讓生活必需品都安放在箱子裡。隔壁那間房間有一個小冰箱，可以把我所有的水果和蔬菜都放進去。

感覺好像我已經到這裡好幾天了。

我根本無事可做。幾乎所有與電子相關的東西都派不上用場。沒有電話，沒有網路，沒有簡訊，要啥沒啥，就像是俄羅斯人在修道院用電磁脈衝對他們的網路加密進行模擬試驗，而這個試驗成功了。

但我心裡卻也感覺到一點自由。之前手機一直跟我形影不離，幾乎成為身體的一部分。所以，即便現在進來一些討厭的語音訊息、e-mail 沒回，或是朋友貼在臉書上喝可樂娜啤酒的自拍被取消按讚，對我來說都無所謂，真的──沒關係。

克里斯多福修道士現在是我的聯絡人，或者該說是指導我的修道士。他告訴我，有一支室內電話可供緊急狀況時使用。他說的是什麼樣的緊急情況？雪崩？絕地求生？遭到狼的攻擊？客人不做聲的怪異行為？

或許我該倒帶到一分鐘之前……

我目前在一座修道院，裡面有八位修道士，有一個叫藍尼的實習生，一個每周來幾次的廚師喬希，還有我，就這樣。有四位修道士在這裡已經住了**五十年！五十年啊**。我們的共同之處少之又少。這句話收回……是我們完全沒有共同之處。我連在地球上都還住不到五十年哩。這座修道院位於紐約州北部與佛蒙特州接壤的雙頂山上，包括一棟只有一層樓的建築，修道士們睡覺吃飯都在裡面，和兩座教堂：大教堂我在參觀時看到了，還有一座較小的教堂。這些建築是由塗成鏽紅色的穀倉板搭建的，而且這座修道院還是修道士們是自己動手建造的。

我的計畫是住在修道院十五天。在這裡時間會過得像小學的最後一堂課一樣快，不過我在這裡待的時間應該長到能夠受益並吸收修道士的智慧。我覺得獨處的時間能讓我深入挖掘內心，找到我正在找尋的東西。我是在給自己一個數字化的速度，想要解開一些隱藏的祕密，讓我的生活更美好，並與他人分享。我是要往我的生活簡歷中添上另一筆經歷。

我來之前並沒有許多先入為主的觀念，只是以為修道院裡的人會遠多這個人數，好比有六十個人什麼的。不知道為什麼會這麼以為，我只是認為「寺院」等於是大社區，也以為「出家人」的意思就是剃光頭。但我這兩個想法都錯了。這些是基督教的修道士，不是佛教的比丘——他們互相稱呼為「弟兄」，而且所有的弟兄都有狗。不是一般的狗，而是大型德國牧羊犬，牠們以一種我從未見過的方式遵從修道士們的每一個命令。修道士們只消看德國牧羊犬一眼，牠們就會做出回應——

完全的掌握。

話說，這裡總共有十一隻成年德國牧羊犬。

十一隻狗，八個修道士，一個廚師，一個實習生，還有我。

我一個人在房間裡，完全不知道要做什麼。沒有一點譜兒。

我在修道士們稱為「小房間」的房間裡，躺在一張床上，差不多就是一張窄床的大小，小房間的英文是「cell」（另一意為牢房），理由十足——因為感覺就像是牢房。房間裡有一扇窗戶，上面有一層薄薄的白色窗簾。外面黑漆漆而且萬籟俱寂，感覺像是處於時間存在之前。而我就在這裡……

我好像是在等待一個宏亮的聲音說：「**然後就有了光！**」

我成天想著我的孩子們。我需要吶喊、大吼，或者像一個三歲小娃兒那樣好好鬧騰一下。做點什麼事情，任何可以阻止這種寂靜的事情。**我從未意識到寂靜會這麼大聲。我想念混亂。混亂和噪音已經成為我生活中的常態。**

我到達修道院後，克里斯多福修道士帶我參觀了一番。他是院長，也是修道院的頭號人物，人超好，就是看起來不像修道士。他看起來像是應該在農產品市集的楓糖帳篷裡工作的人：格子襯衫、在希爾斯百貨公司買的牛仔褲、髒兮兮的工作鞋。但他看起來是個嘻哈修道士，充滿智慧。我覺得他能給我一些好的建議，就是那種只有媽媽才會給的建議。我也說不上來，但在印象中，我母親從未給過我不好的建議。我媽媽總是在事情發生之前就知道結果。克里斯多福修道士也給人同樣的感覺。

而且他問我的第一個問題是：我是為了什麼而來到這裡……

我一直在想這個問題。

為什麼？我為什麼會到這裡來？我們為了什麼而做任何事情？我們為什麼每星期要花八十個小時以上工作？我究竟是為了什麼？

參觀完之後，他給了我一張日程表：

07：15～08：15——晨禱

08：30——安靜的早餐

10：00～12：15——工作

12：30——午餐

13：00——省思

14：00～17：00——工作

17：00——日課

18：00——簡餐

19：00——省思／就寢

這份日程表很有幫助，但並沒有透露我要做什麼的訊息。

克里斯多福修道士提到他們有一個訓練中心時，我很興奮。修道士訓練中心——這真不錯……我期待了解這一切。他沒有跟我說明任何細節，但聽起來很讚。我來這裡是為了成長，所以我對待在這裡一段時間的態度與度假截然不同；我來這裡是為了讓內心的修道士修行——而不是來做日光浴。我這輩子度的假已經夠多了，而且年紀愈長，我發現自己想要的是體驗。我想做修道士版的伏地挺身、引體向上、仰臥起坐。我不僅想學習靜坐，還想在離開之前學會超級靜坐。

聽說有些修道士知道如何透過各種靜坐方法來改變自己的體溫。他們可以在訓練中心外面對我進行測試，讓我在雪地裡坐上幾個小時，並教我如何去想像那股來自靈魂深處的熱能。我想知道心靈的力量如何影響道德良知。我不想好高騖遠，但去另一個次元旅行可能會在我的修道士願望清單上。我願意做他們想要我做的任何事情，我願意竭盡所能的做。

這就是我的為什麼嗎？和修道士一起健身？這絕對是其中之一。

*

參觀一小時後，特尼說他得走了。可是我不想他離開，便問了一個理所當然的問題：為什麼，有什麼事嗎？他客氣地回答說，他有「事情」要處理，必須盡早回家。我聽他解釋，但他說得愈多，他的話就愈發誠實。最後，他只是簡單地說了一句：「對不住了，大哥，不過這個地方雷死我了。我得趕快閃人才行。再說，關於這些東西我只要看一本書去了解就好了。」

我們擁抱道別，然後他就上路了。

特尼說到重點了；有很多關於快樂、活在當下、從生活中獲得更多的心靈雞湯書籍。然而，我不認為看一本書或是看一場研討會就能精通任何事情。那些「五個簡單步驟」的書是提供了很好的見解，但除非你採取行動，否則什麼都不會發生。再說了，許多這些書的作者根本從未做過他們所寫的事情。他們就只是寫寫罷了。所以我才會來到這裡。

特尼的車子駛離停車場，而我也安頓好後，克里斯多福修道士便來確認我一切就緒。我們聊了起來，他說他還有一個問題要問我。他看著我，眼神平靜得令人不安。我的胃揪了起來，對修道士訓練中心的熱情頓失。我以為他是要問我是否願意加入，或者做出宣誓，還是做出承諾什麼的。或是發願靜默……

我不知道他要說什麼。

「告訴我，你快樂嗎，傑西？」

我正要回答，但他似乎陷入沉思中。他站在那裡，幾乎是處於自我催眠狀態；他好像隨時都能靜思。他一動不動地站著，眼睛閉上幾秒鐘，一分鐘後終於睜開眼睛，直視著我，好像在看我的靈魂。

「聖保祿曾經說過，滿足和快樂之間沒有區別。」他說。「你快樂嗎，傑西？」

我心裡想：「好吧，克里斯多福修道士，我其實非常快樂，只是我現在沒那麼快樂，因為這裡太安靜了，讓我有點害怕。四周沒有半個人，我覺得很快就會感到無聊。說不定我已經這麼覺得了。」

但是，我卻告訴他我覺得很快樂，不過我立刻轉移話題。我還沒準備好這麼快就跟人談心。我很難跟人聊得深入，尤其是和陌生人，或者是和任何人。莎拉說，我在表達自己的情感時「遇到挑戰」。在我們結婚的頭幾年，她老是會問我感覺如何，而我總是說：「我不知道。」然後就不可避免地引起一番爭吵。這樣過了大約三年，莎拉在開車的時候頓悟了，她把車停在路邊，心想，我是真的不知道自己的感受！

她開始盡其所能的幫助我了解自己的情緒。最後，她轉向利用荒唐的運動來比喻。她會說：「親愛的，打網球時，你把球打過去，對方卻沒有把球打回來，你會有什麼感覺？」接著她便會說：「我談我的感受，而你卻什麼也不說時，我的感受就是這樣子。我期待的是有力的回擊。」

我想她指的是「截擊」，但我明白她的意思。

但是知道還不夠嗎？我應該去探索了解嗎？為什麼我有時候會不知道自己的感受？別人問我時，我總是聳聳肩。我可以想見這對莎拉來說是多麼的無奈。我得下一些功夫才行。

所以不論如何，為了避免深入這個話題，我把與克里斯多福修道士的內容轉移到我覺得自在的主題——跑步，問他這附近有沒有適合慢跑的地方。我會沉住氣做修道士們要我做的任何事情，但要是我一天連一小時左右的跑步時間都沒有，我肯定會發狂。二十五年來，我幾乎天天跑步，連跑九千一百二十五天，超過五萬七千六百公里，所以現在也不會停止。

再說了，我篤信必須每天抽出時間去做自己喜歡做的事情。這是我自己的法則，稱為「三小時法則」。每天花三小時做你想做的事，這個是累積的。事情可以是散步、看電視、閱讀、任何都行。在這個時間裡，你不會因為沒有陪伴家人、沒有工作、沒有做其他事情而感到內疚。如果不留一些時間給自己，你會憎厭讓你不

能做這些事的人。我不想怨憎修道士們，所以一定要去跑步。

克里斯多福修道士告訴我，我可以在那條私有道路上來回跑，這條道路在我眼中倒像是一條長長的車道。他說走到底大約是一．二八公里，但我不可以越過盡頭，因為盡頭有兩間拖車住房，他們養的狗地盤意識非常強烈。「**別靠近牠們**。」

這種話不需要對我說兩次；因為我算不上愛狗人士，儘管狗很友善。我不是不喜歡狗——我們只是不合拍罷了，我和狗。克里斯多福修道士說，除了私有道路外，樹林中也有一些有足跡的小路，但是考慮到有雪和熊……「我並不建議。」

是啊，我也算不上愛熊人士……

所以基本上，我被困在這裡了。

「享受你在這裡的時光，要是有什麼需要，就來找我。」

他接著提醒我明天早上七點十五分開始，做日課、晨禱、省思。

我看了看手錶，才晚上七點十五分。

「接下來的十二個小時我該做什麼？」

克里斯多福修道士最後一次看進我的靈魂深處。

「思考。」他說，「坐下來思考。」

我坐在床上盯著牆看。我真的就只是坐在那裡，部分原因是他讓我這麼做，另外一部分原因是無事可做——沒有Netflix、沒有Instagram、沒有小孩。但我待在這裡的時間就是要重新檢視我的生活，不是嗎？我的意思是說，我一直把時間放在重新評估我的業務上面，為什麼就不能深入挖掘我自己呢？但現在感覺就像是星期五下午布置的家庭作業。你能重新檢查你正在重新檢查的東西嗎？不論如何，到晚上七點半我就在想我大概會瘋掉。

我決定改變心態，略微靜坐一下便開始進行靈性之旅。就好好利用這個機會吧。我從未好好靜坐過，但幾年前我的朋友布萊恩．科普曼建議我去上超覺靜坐課。課程有兩天，是一對一的練習。我把課程上完了，但之後卻沒有靜坐。我在去靜坐之前，上谷歌搜尋了超覺靜坐。

老師解釋說，因為人很容易受影響，所以我們得到的所有資訊往往會造成超負荷，而靜坐就可以在這時發揮作用。靜坐被廣泛認為是可以讓大腦平靜下來，釋放精神能量的最好方法，會放慢大腦的速度，給大腦亟需的休息時間。

我聽說超覺靜坐是許多名流的選擇。歐普拉、喜劇演員傑瑞．史菲德（Jerry Seinfeld）、影星克林．伊斯威特……克林．伊斯威特？真的假的？但藝人和許多成功的商人也極為推崇。這是一種讓心安定的簡易方法，把注意力集中在一個練習時給你的單字咒語上就好。注意力完全集中在這個咒語上，把其他的事情都摒除在外，讓你的思維慢下來。我被告知最好的練習是每天兩次，每次二十分鐘。

上課時，超覺靜坐老師給了我咒語。這是一個自創的字，所以全神貫注在這個字上時，不會激起任何視覺或情感的聯結。我的咒語是我獨有的，不能向任何人透露——即使是在日記裡也不能提。這應該是個人的隱私。但我的咒語聽起來像壽司餐廳的名字。

天啊，真希望現在有壽司可吃。

今天是我多年來第一次靜坐。

我關上燈，舒服地坐在我的老修道士椅上，在手機計時器上設定二十分鐘，然後閉上眼睛，試圖專注於咒語，但立刻被各種思緒狂轟濫炸。孩子們現在在做什麼？老婆怎麼樣？米爾塞普會和老鷹隊簽新合約嗎？源源不絕的事情在攻擊咒語的力量。

我不斷的努力拋開這些想法。

閉著眼睛，設法摒除這些想法，但沒有用。感覺過了約有三十分鐘之後，我開始納悶為什麼計時器沒有響。也許我沒有設定好？我想檢查一下，但卻只是一遍又一遍地重複我的咒語，感覺又過了十分鐘。我只是在等計時器響。這十分鐘過去了，仍沒有鈴聲可以結束靜坐。這時我知道鬧鈴出了問題。我想睜開眼睛檢查一下，但感覺又像是在作弊。

最後我放棄了。

我慢慢睜開右眼，瞥了一眼放在膝上的時鐘：三分四十七秒……

你耍我的吧？

感覺像是一個小時以上的時間實際上只有三分四十七秒？超級四分衛湯姆・布萊迪（Tom Brady）在三分四十七秒內可以觸地得分三次，大胃王喬伊・徹斯納特（Joey Chestnut）可以在三分四十七秒內吃掉二十五個熱狗，艾倫・韋伯（Alan Webb）可以在三分四十七秒內跑完一・六公里，而我卻無法靜坐那麼久。我受現實世界的節奏影響真的大到無法讓自己的心靜下來短短三分鐘？

我接下來做的就是拿出計算機算出我還要在修道院待的時間。我把十五天乘以二十四小時再乘以六十分鐘，得出還有兩萬一千六百分鐘。我絕對撐不了那麼久。

我的沉思椅

鐘樓

第2天
學習基本功

「世上本無事，庸人自擾之。」——孔子

07：08

「做日課晨禱別遲到了。」克里斯多福修道士說。

這是我昨晚得到的唯一指示。每一次日課的禱告、靜坐和省思大約是七十五分鐘，在教堂裡進行。我打算每一次都去，一天去兩、三次。做什麼都好，而且我不會遲到，因為這就是我來這裡的目的。

但我醒來時感覺像情境劇《吉利根島》裡的吉利根，受到束縛、被困住、無能為力，一切都不熟悉，感覺格格不入。我只想離開這個島。

「你在這裡幹嘛，傑西？」比利對我說。「你大可以在家躺在床上看美國大學NCAA籃球聯賽的季後賽。也許我們應該打斷你這個阿達的想法。」

哦，現在是時候介紹你認識比利了。比利就是我所說的惡霸，他住在我的腦子裡——所有人的腦子裡。他是我們最大的敵人，而且總是在關鍵時刻壯大自己，試圖說服我們別去做那些事。自我懷疑的人喜歡走輕鬆的路。惡霸比利毫不猶豫的說出他的意見。他會向我一一列出不應該去跑步的理由，或是為什麼應該拖延工作、明天再開始節食。他是成功的最大阻礙。

我認為所有的人腦子裡都有一個惡霸。有時他可以安靜下來；有時他會變得太吵太強大。這是我腦子裡的惡霸最危險的地方——我變得軟弱的時候他就越來越強大。今天早上開始準備之前，他對我說的最後一句話是：**「好啊，咱們就去做第一次日課，但這只是嘗試。」**他已經在我腦子裡埋下藉口的種子並且讓這個藉口合理化。他是在給我一個脫身之計。心理的惡霸就是這樣，在我們的腦子裡滋生懷疑和不安。

噹！乒！咚！我往窗外瞄了一眼，努力讓心平靜下來。

真要命，我對自己說。鐘聲。

我得去做日課了。

就在我開始繫鞋帶的時候：**噹！乒！咚！**

我絕不能第一次做日課就遲到，所以匆匆梳洗一下連忙出門。鐘聲再度響起。鐘樓離我的房間有一．二公尺遠。現在就只少了一個駝背的傢伙。這座鐘塔不是用來裝點門面的，而是世上最大的鬧鐘。克里斯多福修道士提醒我說，每一次日課開始前五分鐘，鐘聲就會響起，提醒大家該去教堂。他還友善的給我一個警告，鐘聲可能會很大聲。

可能很大聲？

鐘聲根本大到在晃動整個地球好不好。

我跑步到教堂時，心想我的耳膜快要被炸破了：**噹！乒！咚！**這個聲音都足以把去世的人給吵醒啦。順帶說一下，修道院裡是有很多往生者的。我房間的窗外就是修道士的墓地，十來個小型的木頭十字架在雪地裡冒出來。我從床上看出去的風景就是如此——還真是教人欣慰啊。

我跑向教堂門口的途中，抬頭一看，便看見了路加修道士。他是負責敲鐘的，人長得壯碩結實。他戴著巨大的雙耳式耳機，就像人們戴著登上七四七飛機以阻擋噪音的那種款式。我住在離鐘樓十五公尺遠的地方，但修道士們竟然沒有給我任何東西用來保護我的耳朵？我用手掌捂著耳朵，並把左耳埋在肩膀上，希望能有更多的保護，一面飛快跑過鐘樓，朝教堂跑去。

我推開進入教堂的門。及時到達——成功。

這間教堂叫聖智慧教堂，非常漂亮。拋光的大理石地板，雕刻精美的木椅，蠟燭和格子，還有許多油畫。牆上高高掛著幾幅栩栩如生的著名宗教人物肖像，宛如天國的名人堂。畫下面還有名字，可以知道自己在看的是何許人。其中大多數人我都不認得，有很多俄羅斯人和中世紀的教皇之類的。但我還是知道一些人，比如德蕾莎修女、大衛王和摩西。

今天早上教堂裡面很暗，沒有點燈，只有透過彩色玻璃窗照進來的陽光。修道士們在日課時焚香，所以裡面也瀰漫著煙霧。用一種神祕的氛圍去思考莊嚴——就是這座教堂的感覺。教堂裡的座位能容納六十人左右，但今天只有兩名非修道士來做日課。我猜想這些活動是對外開放的。我試著向另外兩名平民點了點頭，示意「咱們就來吧」，想要鼓舞他們。但他們不感興趣。這只是像運動員在賽前伸展四肢的熱身罷了，而這兩人已經有了自己禱告的氛圍。也或者他們只是不理睬我，因為他們立即低下頭——陷入沉思中。

七點十五分，教堂後面的門打開了，修道士們一個接一個地走進了聖堂。他們從頭到腳都披掛著黑色長袍，其中兩人的脖子上掛著大大的十字架。他們立即就座。

有兩位較年長的修道士坐在後面的角落，其他人則組成唱詩班，坐在教堂中間的一個小半圓形裡。教堂裡有在小學禮堂看到的那種樂譜架，供他們放置祈禱文和樂譜。所有的修道士都參加了誦經和祈禱。除了修道士之外，唱詩班裡還有三位修女。我坐在他們對面的長椅上。獨自一人。

我不斷聽到他們說耶穌，其他的聽不太清楚，於是便走神了。我努力保持專注，但心中卻在胡思亂想。我是說，非常的天馬行空。我的思緒就像是一場順序打亂的幻燈片——這些修道士身上有沒有刺青？我的頭髮要多久才能長回來？修道士們能不能刺青？萬一我長出來的頭髮是直的怎麼辦？這些修道士有沒有能投中罰球的？三位修女哪一位短跑速度最快？對，就是天馬行空。

日課中充滿歌曲、讚美詩和禱詞，都是以一種非常優美而古老的音調吟誦著——感覺非常虔誠，但也有一點在腦海裡揮之不去。當一個會眾感覺當然很好，但我像是旁觀者的感覺多於參與者。不過，一旦習慣了——這個聲音就像是心靈的按摩。我閉上眼睛一會兒，與和諧舒緩的聲音合而為一。感覺很好——真的很好——非常之好。我可以聽上一整天。然後……

日課結束了。修道士們陸續走出教堂。

怎麼回事？

我睡著了。

我的靈性之旅沒有一個好的開始。

*

日課結束後，克里斯多福修道士正式把我介紹給實習生藍尼。地點是在我的房間裡，他們是順道一起過來的。藍尼二十三歲，要在修道院實習約六個月。今天是他第二周實習的開始。我找不到比較不得罪人的說法，不過藍尼讓我聯想到美劇《冰血暴》（*Fargo*）裡那個連續殺人犯——穿著又大又髒的工作靴、身穿法蘭絨襯衫塞進 Levis 501 牛仔褲裡。還有……他的眼神冷冰冰。

克里斯多福修道士告訴我實習生藍尼就住我隔壁的房間。這可真是好極了。聽到這個消息時，我便本能地瞅了一眼門把，看有沒有鎖。幸好有。他告訴我藍尼是專業實習——不管那是什麼意思。聽起來他像是在一個又一個社區實習。他才剛結束在印第安人保留區六個月的實習。不知道藍尼在兩次實習之間有沒有洗過澡，因為他的樣子看起來像是剛從一部塵土飛揚的西部電影中走出來。

介紹結束後，我試著和藍尼閒聊。

畢竟，我們接下來兩星期是修道士夥伴。

「嘿，藍尼，你好？」

他只是瞅著我。

「你喜歡這裡嗎？」

藍尼雖然面對著我，但他的目光卻直接盯著我的頭頂瞧。他盯著我的眼睛上方兩英寸的地方。真他媽的見鬼了，那傢伙故意不看著我。我只是想表示友好罷了，可是這傢伙盯著我的樣子簡直活像職業拳擊手在互碰手套開始對打前，試圖恐嚇對手的樣子。

「我很高興能住在這裡。這段期間如果有需要我出力的地方，就告訴我一聲。」實習生藍尼只是瞪了我一眼，便走出了我的房間。他往門口走到一半，轉過身來，再次盯著我的頭頂，然後就走了出去。一聲也沒吭，彷彿什麼事也沒有發生。

藍尼——藍尼——藍尼……

有一個印第安人的故事讓我想到藍尼。故事是這樣的：一個老切諾基人教導孫子生活的道理，但是孫子說他的內心裡有兩頭狼在爭鬥。一頭是邪惡的——是憤怒、嫉妒、悲傷、後悔、貪婪、傲慢、自憐、內疚、怨恨、自卑、謊言、虛假，驕傲、優越感、自我；另一頭狼是善良的——是愉快、和平、愛心、希望、寧靜、謙遜、善良、仁慈、同情、慷慨、真理、同情、信仰。

老切諾基人對孫子解釋說，這樣的爭鬥不僅只在他的內心發生，也在其他人的內心發生。於是孫子問：哪一頭狼會贏呢？

老切諾基人說，你餵養的那一頭。

我想我知道藍尼餵的是哪一頭狼。

也許藍尼覺得受到威脅？也許他以為我也是實習生？也許他認為我太引人注目了？也許他就是個混蛋傢伙？不管怎麼說，我在心裡記下：離實習生藍尼遠點。

我把房間整理了一下，這一天大半時間都用來獨自參觀修道院，試圖了解這個地方的來龍去脈。還沒有人通知我要做什麼。我到這裡還不到二十四小時，但已經在想什麼時候才會結束。我想念我的家人。

*

午餐時，我才明白到修道士們對三餐的稱呼和我的習慣完全不同。他們的三餐名稱就像是有閱讀障礙。首先，他們把午餐稱為「dinner」[4]，把晚餐稱之為「supper」[5]。所以，他們中午吃一頓大餐（dinner），然後晚上吃一頓簡餐（supper）。當我問他們怎麼說早餐時，他們說：「什麼意思？我們就叫它早餐啊。」

好吧。

今天 supper 的菜單是湯和沙拉。就這樣。我把湯舀進碗裡，再放一些沙拉在盤子裡。所有的修道士和藍尼都已經圍著長方形餐桌坐下了。我找到一把空椅子，坐在克里斯多福修道士旁邊。通常我在新環境中是相當自在的，但現在不一樣。

餐桌上的每一位修道士都做了自我介紹。有八個人住在修道院，我猜平均年齡是六十歲。但這卻是年輕而充滿活力的六十歲。還有一個第九位修道士，他住在有輔助生活設備的地方。他叫作伯多祿。據說要避免陷入和他的談話，因為他這個人說起話來就沒有關閉按鈕。

我端著湯和沙拉坐下來，並且看看有沒有人已經開動。

結果是沒人，而這是在自我介紹開始時。等到這些修道士快速的打完招呼，我已忘了所有人的名字。我能說得出來的就是幾乎所有人都有著華髮銀鬍，而且都帶

4 譯注：英文意思為晚餐，但也可以指中午或晚上吃的正餐、主餐。
5 譯注：多指家常的、非正式的晚餐。

著一副他們有什麼我不知道的事情的笑容。

接下來，他們想多了解我一點。於是我從家庭背景開始說起，告訴修道士們我很感恩能和他們一起生活。我猜想是凱特動用了關係讓我來到這裡，所以我想讓他們知道來這裡是我的榮幸。我告訴他們我和亞特蘭大老鷹隊有關，但我看到的只是他們茫然的眼神，於是我說出幾個球員的名字，不過我猜這只是讓他們更加迷茫罷了。在我解釋了完意思之後，一位修道士，我想他是叫作斯塔夫羅斯吧，說他曾經去看過世博會。我告訴他，兩者不太一樣。世博會是棒球賽，而且這個比賽已經沒有了。老鷹隊打的是籃球，全國電視頻道有轉播。他好像不在意，但這個話題太棒了，因為可以帶入比較深入的談話。

斯塔夫羅斯在華盛頓特區長大，來自一個典型的中產階級家庭，在大學裡上過東方宗教的課後便決定出家成為修道士。他的母親非常反對他出家，說要飛過去阻止他。斯塔夫羅斯修道士聽說後便在機場透過廣播叫她不要來，因為他的心知道自己想做什麼。我想他是對的，因為從詹森擔任總統以來，他一直都是修道士。

這我能理解——因為我這一生中也有過一些我就是知道自己要做什麼的時候。

我二十二歲為紐約尼克隊創作和演唱了主打歌〈加油紐約加油〉（Go NY Go）。這首歌是尼克隊在麥迪森廣場花園比賽時，為了點燃觀眾熱情而唱的歌。尼克隊為了支持這首歌，與紐約名人一起拍攝了一段視頻，然後這首歌就紅透半邊天，在紐約廣播電臺排行榜高居第一。隨著這首歌火紅，我也一夜成名，上了當地電視臺，在商店裡為這首單曲簽名，去最熱門的夜店免排隊。我樂翻天了。然而，儘管這首歌火速走紅，讓我備受矚目，但我還是窮得叮噹響。

事實上，我甚至連住的地方都沒有。當時我就睡在我朋友公寓的地板上，而且我借住的時間也快到了——就好像昨天已經到期了一樣。不幸的是，他告訴我，星期一（那是三天後）我就得離開。但是我並未驚慌失措，那個周末還跑去參加在澤西海岸舉行的單身派對。沒有地方住的問題可以等到星期一再說。我和朋友們在旅館合住一間客房，辦理入住手續後，我們立刻去一家廉價酒吧尋歡作樂。和朋友們吃了大約一小時的輕食和啤酒後，在等雞尾酒調酒時，我開始在酒吧裡和一個女孩哈啦，當時我正在等我的杜松子酒。對方是一個非常迷人的黑髮女人，臉上帶著笑意。她有一種溫和的自信，讓人喜歡和尊重她。她叫梅麗莎．凱茨。

我們只是在酒吧進行平常的哈啦。但在我哈啦五分鐘後，她便問我住在哪裡。我解釋了我的情況，跟她說我剛從卡利回來，從下星期一起便無處可住。

「是喔。」她說。

她向酒保要了一支筆，然後在餐巾紙背面寫下她的地址。

「如果你無處可去，可以來跟我還有我的室友艾莉莎同住。」她說。

「你是說真的嗎？」

「這是江湖救急，適用於緊急情況。」

隨著夜幕漸深，移動的單身派對已準備啟程往下一個地方。當時我不確定會不會再見到她，但星期一來臨的時候，我開始思考生活的選擇，意識到事情相當可怕，很容易就被歸類為「緊急情況」。於是，早上八點，在我的澤西女性友人正準備出門去上班的時候，我帶著一袋所有的家當出現在她的住處。

我在她客廳的沙發上睡了六個月。如果她要帶玩伴到家裡約會，我就在外面等到對方離開。這就像是一部情境喜劇，而我們則成了好朋友。

原來她的父親是紐約和費城一位知名度很高的商業大亨，從事體育行業。他非常受人尊敬，也是我敬仰的人。我們兩人一拍即合，成為忘年之交，他是我早期商業生涯的導師。所以，在我二十二歲首次面對真正的商業決定時，便跑去找他。

我遇到一個有意思的難題。隨著尼克隊主打歌的成功，我知道自己或許可以大展身手，因為其他NBA球隊都找我為他們寫主打歌和寫廣告標語。我看到了一條通往成功的清晰道路。然而，我沒有錢租工作室，也沒有錢可請歌手、律師、和所有我需要的夥伴。該死的是，我連付房租的錢都沒有。若是沒有能力做試聽帶，我就沒戲可唱了。

在絕望之餘，為了籌錢，我去找紐約的一位大牌音樂經理，他給了我一萬美元，想換取我未來收益——所有收益的百分之十。基本上他是想買下我這輩子的一部分（把我當成股票）……二十二歲的我身無分文，於是認真考慮他的提議。當時一萬美元簡直有如這世上所有的錢。

不過，我打電話給室友的爸爸。

來回通了幾次電話後，我們約好在他位於蘇盾廣場的頂層公寓見面。抵達後，一位工作人員向我打招呼，他告訴我凱茨先生在等我。

「你進去往前走。」他說。

我不太明白「進去往前走」是什麼意思，便開始在他的屋子裡閒逛，你知道的……就是見識一下這個地方。哇塞，這地方實在棒呆了，有色彩斑斕、設計精緻的地毯，以及看起來像是有投保了巨額保險的骨董雕塑和美術品，感覺自己像是羅浮宮的遊客。我盯著那件看起來應該有保全人員看守的美術品時，聽到一個像是從主臥室傳來的聲音，於是朝那邊走去。

「傑西，進來吧，孩子。」

我跟著這個聲音穿過臥室，走到一個健身區，便看到路易斯從游泳池裡出來。他光著屁股，全身光溜溜的——一絲不掛。我不知道哪一個更令人驚訝——是他毫無羞色，還是他的公寓裡有一座巨大的室內游泳池。

「坐下來，孩子。我今天早上時間有點趕，可不可以告訴我你有什麼事？」

「嗯，我有……」我說，努力把眼光集中在他的眼睛。「我，嗯，有一個——呃」。

好不容易他穿上超短的緊身褲，抓起了運動鞋。

「哦，別管我。」他說，「我就是要趁著剛從水裡出來，趕快跑個四分之一英里。」他走到跑步機上。

我聽說過不拘一格、兼容並蓄的富人，但卻從來沒有親眼見識過。路易斯不僅僅是不拘一格，他的思路敏捷，是個超厲害的天才人物。誰會在乎他喜不喜歡光著身子游泳，穿著超短緊身褲健身呢？他有權利這麼做。我再度開口時，他踏上了跑步機，按下啟動鍵。在他跑步的時候，口氣突然變得很嚴肅。

「你知道嗎，傑西，我願意用一切……游泳池、美術品，這棟房子，用這一切去換一樣你擁有的東西。」

「我？我只有一百二十八美元，窮得叮噹響。你要換的是什麼？」

他邊跑邊直視著我的眼睛。

「青春。」

「青春？」

「對，就是青春。這些未知的刺激、前方漫長的競爭環境，會隨著年齡的增加，而讓這個競爭遊戲的時間也會變得越來越短。你啊，我的朋友，在你面前有成百上千個經歷在等著你。你的未來是一幅巨大的畫布，我願意用一切來換取你手中的畫筆。享受這個過程中的分分秒秒吧。」

「哇。」我只能這麼說。

「你目前正在經歷的就是這個過程。這個決定，這些時刻，未知的事物。你是一個企業主，孩子，像這樣的重大決定就是這個過程的一部分。」

將近三十年後，我在和斯塔夫羅斯修道士交談時，腦海裡清晰的浮現出過往這段對話。隨著我年齡的增長，他的話就更有道理了。通常，過程比結果更寶貴。當你在事業上、目標上與工作上奮鬥時，很難去欣賞這段旅程。然而，讓我們覺得充滿活力的正是這段過程。這就是我來這裡的原因。我喜歡特尼這個人，但他離開了。他選擇閱讀這個過程，而不是親身經歷。

我很幸運，路易斯的這席話在年輕的我身上引起了共鳴。人生中只有兩種記憶，一種是自己無法控制的，另一種是自己創造的。那些我們無法控制的，是生活中發生的事留下不可磨滅的記憶，比如九一一事件、辛普森汽車追逐案，我家兒子掉了一顆牙等等。我們清楚地記得那些時刻，但與我自身無關；另一種是自己能夠控制和創造的時刻，比如第一次跑馬拉松、第一次約會等等。年輕的時候，有很多機會可以創造正面的回憶。這就是路易斯的意思。**人們自己主動去創造的記憶就是畫筆，而生活則是畫布。**

我們繼續談下去，路易斯一面繼續跑步。是的——他穿著超短緊身褲跑得非常快。我的事業需要幫助，所以我準備把百分之十的傑西．伊茨勒股份賣給這個音樂經理。路易斯把跑步機的坡度器調整到十二，慢慢的爬模擬山。

「我要你超越興奮，傑西，超越激情，超越自我，挖掘你的內心。」

「好。」

「現在告訴我……你的內心深處相信你做的體育音樂嗎？」

「我認為是的。」

「**不夠，這還不夠！**傑西，我想知道，你會把所有的家當都押在這個想法上嗎？我想知道的不是你『能不能』實現它，而是你『**會不會**』去實現它？無論你要做的是什麼事。」

他的話聽起來像是一個有智慧的足球教練在中場時幫球隊打氣。我想了一會兒，然後才回答。

「會，毫無疑問我會去實現它。」

「那就去他媽的一萬美元吧，孩子。」

路易斯步下跑步機，抓起毛巾，拍了拍我的肩膀。

「現在就需要由你去實現了。」他說。同時他也出發去開會了。哦，他是先穿好衣服，然後才走出去的。

*

我坐在斯塔夫羅斯修道士對面時，心裡想著我們那時的感覺是否相同。他知道自己是個修道士，而我知道我有一個結合音樂和職業運動的好點子。我們做出這些決定的年齡可能差不多。謝天謝地，我們信任自己的直覺。

我問斯塔夫羅斯修道士快不快樂時，他笑著說：「比快樂更好，我很滿足。」

我告訴他我迫不及待要展開我的修道士訓練。

他只是微微一笑。修道士們確實是經常微笑的啊。

吃完晚飯後，所有的修道士起身面對一面牆，牆上有一幅耶穌畫像。他們一起身，我便跟著起身。因為我不知道每天的例行公事，所以盡量依樣畫葫蘆，模仿修道士們做的每一件事。我想融入並尊重他們的傳統。這就像大型的「老師說」遊戲，而所有的修道士都是老師。我在商場上用過這種技巧，十分好用。年輕的時候，當坐在桌前的每個人都在笑時，你也必須笑，以便敲定合約，即使說的笑話並不好笑。當你用不著再為那些笑話而發笑時，你就成功了。

於是，他們開始祈禱。

我也開始祈禱。

或者該說我開始做出祈禱的樣子。

從來沒有人教過我怎樣祈禱。

我對耶穌基督並沒有意見，只不過我上教堂的次數用一根手指數就可以數完。我對基督教的信仰了解不多。我的意思是說，我知道的都是基礎，像是耶誕節的故事、耶穌被釘在十字架上、死而復活，但是我的大腦結構無法理解宗教。如果你開始和我深入談論宗教史、或不同的教團或教派的話，那倒不如跟我講量子力學，反正我同樣都一無所知。我連禱告的意義也不明白，然而卻在那裡禱告。但我不得不說，和一桌子男人站在一起，聽他們滿懷信心地說著這些話，真的是一件很棒的事情。阿門……

晚上八點。我又獨自在小房間裡。

我並不氣餒，因為明天是重要的一天！我被告知要跟著多默修道士去訓練中心。這就像是在肩膀上輕輕的一拍，而我已準備好了！我想要接觸靜坐和靈修核心的東西，為能看到修道士們工具箱裡面的東西感到雀躍。我想了解他們幾千年來是如何展現奉獻、自律和虔誠。**修道士繼承了需要堅定決心的傳統和哲理**。這是一套**可以塞進口袋，帶著去做任何努力的本事**。修道士勇敢的做出抉擇，離開我們所知道的世界，將他們的一生都獻給更高的理想。對我來說——這是令人感動的。

誰不能為自己的生活增添一點榮譽和勇氣呢？

而且，儘管這聽起來有點諷刺，但我相信修道士們已經完全領會到自由的觀念——不執著、不受干擾、不掛心。他們好像已經解開人生意義的奧祕。誰知道呢？

也許等我結束的時候，他們就會告訴我關鍵了。但我要說明一點，我不是在研究存在主義。我什麼都不需要做，只要看看我的孩子，就知道人生的意義。我並不想去服侍神（我還不想告訴克里斯多福修道士或其他修道士這一點），但我被修道士們的冷靜和對簡單生活的欣賞所吸引。

真恨不得明天趕快開始做這件事。

第3天

人跟狗一樣，都需要訓練

「勝人有力，自勝者強。」——老子《道德經》

「要比鐘聲早到。」我醒來後對自己說。我想在第一聲鐘聲響起之前到達教堂。我醒的時候時間還早，便走到屋外，看到了日出。我走了六．四公里，為這一天做好了心理準備。要為未知的事情做準備未必容易，而訓練中心就是未知，但我盡量享受這個原始的環境。

這並不容易，因為我腦子裡一直想著狗。很難解釋空降到一個有這麼多狗的全新環境中的感覺——這裡大概有十一隻訓練有素的德國牧羊犬成犬吧。牠們可能喜歡我，也可能不喜歡我。我並不認為所有的狗都已經熟悉我的氣味，我一直在想，牠們要是看見我走動時，其中總會有一隻狗認為我是闖入者。修道士們能夠完全掌控他們的狗，而且這些狗很少跑到距離主人五十碼以外，但牠們沒有一隻是被拴著的。所以，在我確定所有的狗都對我做過全身檢查之前，一直保持高度警惕。不妨這麼說吧，我今天走得非常快。

因為我才剛回到房間，就想說應該在比鐘聲早到教堂之前，先寫下一些東西。

首先，我的房間太冷。窗戶玻璃和窗框之間有一個縫隙，讓山間冰冷的空氣直接鑽進我的臥室，要是外面是攝氏二十九度就好了，但現在更像是零下二十度，都可以在這裡冷凍蔬菜了。這個角度形成了某種風洞，會在我睡覺的時候引導那股寒氣直接打在我的臉上。凍死人了。昨晚為了保暖，我不得不穿著羽絨衣睡覺。儘管空氣很冷，我還是睡得很好。

＊

噹！乒！咚！

我穿著昨天的衣服去教堂。修道士們注重的是機能而非時尚。事實上，我覺得他們全都穿著昨天的衣服。好像沒有人在意他們的外表如何。我還在玩「老師說」。

做日課時，我努力把注意力放在要說的訊息上面，但訓練中心打斷了我的思路。不知道他們在那裡做些什麼樣的事情。但每次我發現自己歡喜地想著不知道訓練中心是什麼樣子時，便告訴自己要專心祈禱。這是一場毫無成功希望的戰鬥。

他們在教堂裡說了什麼話，我一句也想不起來。

日課結束後我去了餐廳。走進餐廳時，所有的修道士和實習生藍尼都已經到了。我向貴格利修道士道早安。

「噓——。」我聽到整個房間裡的人齊聲發出噓聲。

這是一頓**安靜餐**！可是又沒人跟我說！牆上並沒有掛著這樣的標語：**安靜的用餐**，並畫一個修道士用安靜的手指捂住嘴巴的樣子。要是有一些提醒就好了。

我坐下來吃飯的時候，抓住座位底部，往前跳讓椅子靠近桌子，椅腳在廚房地板上移動一英寸，但突然刮到地板，然後停了下來。那個聲響大得很——真的很大。修道士們、實習生藍尼和狗都抬起頭看我。我不認為他們生氣了，但感覺就像在電影院裡有人轉過頭來，這是「**閉上他媽的嘴**」的國際語言。

我不是故意搞出那麼大動靜的。

就定位之後，我朝餐廳四周看去，這就像是用靜音在看電視節目。修道士們慢慢把勺子放到嘴巴裡，吃著燕麥片。他們已經把吃東西不發出咀嚼聲音的藝術發揮到極致，而且做起來的精準度和技巧如此之高，根本沒發出半點聲音。聽不到吃喝東西的聲音。有些人吃東西時直視前方，有的人低頭看著碗。真是詭異得很。我閉上眼睛，想像我家的早餐桌。哇靠。簡直就是一個平行宇宙！

我想知道修道士們在想什麼，但根本猜不出他們的心思。有時候我看著我家的孩子們、莎拉、朋友，或者任何人，他們一句話也不用說，我便很清楚他們的腦子裡在想什麼——或者說至少我認為我知道。但是和修道士們在一起，感覺卻像是置身另一個世界。他們即便是在吃早餐，也這麼的令人欽佩。

我快餓死了。因為還不到中午，所以今天早上我唯一的選擇就是蘋果。要是我的香蕉沒有在飛行中爛掉就好了，因為當我的牙齒穿透澳洲青蘋果的皮時，聽起來就像是巨大的爆炸聲，像在演奏《一八一二序曲》時的煙火表演。

果汁噴出，落在多默修道士的臉頰上。你猜怎麼著？他沒有閃避，因為他正全神貫注的吃早餐。湖人隊球星勒布朗在罰球線上。空心球！在他把燕麥片舀到嘴裡時，果汁濺到他的山羊鬍子上，但他不為所動，只是繼續思考。

但是其他修道士都看著我。「噓——！」他們全都齊聲說。

四十秒後，我終於又咬了一口，但這次我把蘋果放在嘴裡，沒有咀嚼。我坐在那裡，假裝在吃東西和思考。我在想，蘋果片在我嘴裡停留的時間夠久的話，說不定可以把它給化開，但那可能得花三星期才行，而我沒有那麼多時間，所以我決定硬把這塊巨大的蘋果給吞下去。這真是個餿主意，因為蘋果卡在我喉嚨裡了。我說的是噎住——遲早得施行哈姆立克急救法。

我繼續硬吞，並且開始用鼻子呼吸。我閉上眼睛，希望修道士們會以為我在靜思，而不是被蘋果噎住。這個情況持續了大約一分鐘，然後我便開始控制不住的咳嗽。好消息是蘋果從我的喉嚨裡咳出來了，然後我又把它給吞了下去；壞消息是修道士們注意到我並沒有在靜思默想。

吃東西噎到真的會破壞安靜的用餐環境。

我又等了五分鐘，決定再試一次。我手裡拿著蘋果，再度低下頭，好像在沉思。但我真正在想的是……到底要怎麼吃這顆該死的蘋果？當我覺得可以接受一點聲音的時候，就是差不多做完一次深刻省思的時間之後，便站起來。不過這次我非常小心，椅子沒有去刮地板。

我是在單人小室裡把那顆蘋果吃掉的。

然後終於……終於到了去訓練中心跟隨多默修道士的時候了。一路上我的步伐都是輕鬆的。這就是我一直在等待的：

訓練中心

做修道士在做的事

和內心深處的自己一起。

10：00

多默修道士在訓練中心等我，那是一幢半拱形活動房屋似的建築。他年輕，充滿活力，生氣勃勃，看起來像個綜合武術高手。他的身高較矮，但很適合留山羊鬍，有一隻眼睛有點飄移，所以你永遠不太確定他是不是在看你。我的猜想是，只要他願意，就可以把我掐死，可是他說起話來卻是輕柔緩慢。

「你準備好做訓練了嗎？」

「準備好了。」

「很好，因為我們這裡有一些是精力很旺盛的。」

精力旺盛？我不太確定他在說什麼，但我什麼都願意參與。

「你喜歡狗嗎？」

「狗？」

「對啊，狗。」

「你是說，狗嗎？」

「對，狗。」

原來這個訓練中心不是用來進行靈修的，而是用來訓練狗的！

修道士訓練狗？

狗！會汪……汪叫的。

我是報名要和出家人一起生活，而不是和狗的啊。我應該做更多功課才對。我現在能聽到莎拉說：「傑西，這就是為什麼要注意附屬細則的原因，親愛的。」

但我不是那種喜歡注意附屬細則的人。

我跟著他走進去。訓練中心和健身房一樣大，也是全新的，而且就連柔軟的橡膠地板墊和觀察室的雙向鏡子都十分先進。有幾隻狗關在一端的狗舍裡，我們走近時，它們便吠叫起來。這個地方的氣味聞起來就像一家超大型的寵物店。

但如果要我猜的話——這個地方可能相當於麥迪森廣場花園的那些狗訓練中心。屋頂的椽子應該懸掛著旗幟才對。有那麼一會兒，我對這個結構感到驚嘆，不知道自己到底在那裡幹什麼。我不知道當時我是驚訝多一點還是失望多一點。我的出家人練習得再等一等了吧，我想。

多默修道士打開其中一個籠子，把一條皮帶繫在藍波身上，這是一條淺金色拉布拉多大型犬的幼犬。我不知道——我不是一個愛狗人士，但要是我有養狗的話，總覺得我會給牠取名叫豆腐或花椰菜。

為什麼要叫「藍波」？

然後，多默修道士告訴我，我今天要充當「干擾者」。他要帶藍波繞著訓練中心走，而我要走在他們前面，從前面走過，並且盡可能的分散藍波的注意力。

「盡量讓牠失去對目標的專注力。」他說。

十五分鐘前，我還以為自己即將進入某種靈修地獄周，是和海豹做的體能訓練出家人版。結果非但不是如此，我還置身一個飛機棚大小的狗舍，扮演一個讓狗分心的角色。無論如何，我要努力成為新精舍有史以來最能讓狗分心的人。

原來新精舍的修道士是世界著名的馴狗師和德國牧羊犬的飼養者！幼犬的訂購單已排到兩年後。他們曾把訓練狗的計畫寫成書，也曾被電視節目和不計其數的文章中報導過。誰知道會是這樣呢？但如果我事前做過功課的話，就會知道。只要上谷歌快速搜索一下，就會產生數百個網站連結。

早在一九七〇年代，修道士們在建造修道院時，便領養一隻德國牧羊犬凱爾。這隻狗大受這些成天辛苦蓋房子的修道士歡迎。這個修道士團體瞬間愛上了凱爾，而凱爾也愛上了他們。

「牠為他們的生活帶來了歡樂。」多默修道士告訴我。

數年後凱爾意外死去，令這個修道士團體備受打擊。過了一段時間後，其中一位修道士建議去尋找一隻狗來代替他們的愛犬。機緣湊巧（在修道士的故事中有很多幸運的事，這個意思是說，如果你不相信有神助的話），有一個養狗的人就住在不遠處。他們去看她時，她說很樂意送他們一隻狗。事實上，她送給他們兩隻，而且兩隻都是有育種品質的德國牧羊犬。她說這樣一來他們就可以養一、兩窩小狗賣了。總是在設法讓光照世間的修道士們於是便開始嘗試養狗。狗狗們在修道院做了該做的事，顯然還做得很好，於是小狗一窩一窩的出生了。

顯然那位養狗的婦人送給他們的德國牧羊犬品種非常特別，是純種的，價格可以賣得相當高。他們始料未及的一個事業於焉開始。參觀者說他們的德國牧羊犬表現有多麼好，其中一人問他們願不願意考慮幫他們訓練狗。接著，他們便有了一個訓練中心和源源不斷的顧客。這和任何偉大的創業之旅一樣，他們看到了一種需求，然後滿足了它。

訓練中心的門上方有一個牌子，上面寫著：莫里斯．桑達克中心。桑達克是《野獸冒險樂園》（*Where the Wild Things Are*）的作者和插圖畫家，他在附近有一間避暑小木屋，他向修道士們買下一條德國牧羊犬後，便和他們成為好朋友。他的基金會提供修道院相應的補助款，協助訓練中心的興建。如果修道士和狗的故事就在這裡打住的話，會相當令人驚嘆，但故事尚未結束。

他們早期的一個顧客建議他們寫一本訓練狗的書。常常有人會在晚宴上、酒吧裡或飛機上對別人說，「你的故事應該寫成一本書出版才對。」然而，這句話其實沒有多大的意義，除非說話的那個人正巧是一家出版社的編輯，而修道士們的顧客正巧就是一家出版社的編輯。修道士們的第一本書（他們出了很多本書）於一九七八年首次出版，名為《如何成為狗狗最好的朋友》（*How to Be Your Dog's Best Friend*）。有的人認為這是馴狗的聖經，但修道士們聽到這句話會搖頭。整體來說，修道士們的狗書已經賣了幾百萬冊，而且在狗狗的世界裡，新精舍的修道士是受到愛戴的。

能和這些大師們相處，讓我倍感榮幸。當你身邊的人都是世界各行各業的翹楚時，很具有啟發性。他們駕馭狗的能力有目共睹。只要修道士開口，狗就會做出回應。他們可以收下有一隻黑眼圈、狂野的牛頭梗 Spuds MacKenzie，然後在一、兩周內把牠變成一隻循規蹈矩的私校狗。訓練就像讓狗狗上為期兩周半的禮儀課程。牠們來的時候會亂吠、亂跳、是惡霸，但離開的時候就像初次進入社交圈的新秀。

藍波在訓練場的時間已接近尾聲，現在就像在著名的西敏寺犬俱樂部狗展上的狗那般走在多默修道士的旁邊。就算我揮舞著豬排，牠也不會多看我一眼。我走在他們前面，藍波認出了我，但仍專注於牠的任務。我在他們後面飛奔，可是牠連頭也沒回。我用力跳幾個開合跳——還是沒有反應，然後我使出我的祕密武器——用胳肢窩放屁。我把手放在腋窩，再開始用雙肘往身體泵打，發出很響的放屁聲。這一招把每個孩子都逗笑了，就連多默修道士的嘴也咧開了一點，可是藍波沒有笑，這隻狗已經訓練有素了。

「你要不要遛一遛藍波？」他問道。

「不用了。」我說。「我這樣就行了。」

後來，我和多默修道士坐在一間有雙面鏡的休息室裡討論狗。

「人們在訓練狗時犯的最大錯誤，就是只關注在狗身上。他們感興趣的只是最終的結果——那隻費朵，或者這隻藍波，在他們下達口令後會乖乖坐著、不動、翻身。雖然這些狗可能成功地實現了這些目標，但這樣的本事並不能改善與人狗之間的關係。狗到最後不是不快樂，就是心懷怨恨。」

「狗會心懷怨恨？」
「當然會。」
「這麼說狗主人也需要訓練囉？」
「答對了。就像在生活中一樣。」
「要是沒有養狗呢？」我半開玩笑地問。
「所有的人都必須接受訓練，傑西。外在世界的力量和誘惑是巨大的。訓練自己遠離干擾。那些干擾是讓你無法達成目標的敵人。學會克服干擾，你就成功了。」
「像藍波那樣嗎？」
「就像藍波那樣。」
「哇。這我得好好想一下。」

*

今天是第三天，我開始在最不可能的場景中汲取到一些真知灼見。我從沒想過狗主人也需要訓練。但我來這裡的目的不是為了分散狗的注意力。我以為自己會受到一些嚴格的心理素質訓練，也許訓練已經開始了。或者我已經在接受終極訓練，卻渾然不知。就像電影《小子難纏》裡的功夫小子當時並不知道，幫宮城先生的車子打蠟，便是讓他學習成為一名優秀的戰士。說不定透過讓狗分心這件事，是讓我學習不被外界擾亂心思的終極藝術。也或者是我想太多。

下午兩點，我在房間裡看維克多・法蘭可（Viktor Frankel）寫的《活出意義來》（*Man's Search for Meaning*）。後來我發現克里斯多福修道士站在門口，不知道在那裡看了我多久。修道士們似乎都是來無影去無蹤，有如經由星體投射或《星際迷航》的傳送器出現。他是順便來看看我。聽起來雖然怪怪的——但是看到一張熟悉的面孔感覺還是很好。我想跟他聊一會兒，不想讓他那麼快離開，所以便告訴他我對在這裡的經歷滿懷期待。我認為這是一種很好的表達方式：「來吧，咱們來好好跟修道士說一下。給我點事做做……」

他的回答是：「每天都是一堂課，關鍵就在於聆聽。」

蛤？起初我聽不懂他的意思，而且我已經發現修道士們是用靈修密碼交談，後來才意識到我其實是一個糟糕的聽眾。我在心裡記下，這是我回家後真正需要做的一件事——**聆聽**。聆聽比靜靜的聽別人說話更有意義。也許這意味著你不要把注意力放在自己身上太多，反而要多接受新的機會、想法和觀點。

克里斯多福修道士引述一位睿智的修道士的話：「當你說話時，你只是在重複自己已經知道的東西。但如果你聆聽，可能就會學到一些新的東西。」

晚上我躺在床上，惡霸比利想跟我吹枕頭風。他很快的提醒我這不符合我的期望。我不是報名來馴狗的，所以趁早打道回府沒什麼好丟人的。再說，家裡的床可比這裡舒服多了。

我的小房間外的景色

第4天
關於「寬恕」這件事

「最後，我們必須為奧祕留下空間。」——新精舍的修道士們

萬一我出了什麼事，而你是個偵探正在讀這本日記的話，那麼兇手就是實習生藍尼。雖然我猜藍尼夠聰明，會銷毀一切證據，所以寫這些可能也是白費力氣。但是……藍尼可是真的把我嚇破膽了。

一想到那個傢伙，我就想到身家調查。修道士們是不是來者不拒，還是來者必須經過審核？我認為身家調查不太像是出家人會做的事情，因為他們應該對每個人都充滿愛、接受每一個人。我開始考慮怎麼透過修道士們私底下調查藍尼最好。我可以問他們藍尼是哪裡人？他來這裡之前有人認識他嗎？你能跟我說說藍尼的父母嗎？我的意思是說，藍尼可能是聯邦調查局的頭號通緝犯，但修道士們卻一點也不知情。他們怎麼會知道？他們又不會在電視上看到或聽到這件事，因為這裡太偏僻了。這件事真的進入了我的腦海。

舉個例子……

昨天晚上很晚的時候，因為我睡不著，就走去餐廳看看有沒有人在。我一走進去便看見藍尼坐在椅子上盯著牆壁看，彷彿在靜思，只不過是睜著眼睛。那傢伙鐵定是在放空。我看到桌子上有一本書，於是坐下來，把書拿起來假裝看書。坐得離別人如此之近，卻不向對方打招呼，是很怪的事。跟藍尼坐在同一個房間裡就像和他乘坐同一個電梯一樣。他像對陌生人似的對待我，但卻自在得很。

我和藍尼的關係越來越糟，對兩個根本不交談的人來說，到這種情形是很糟糕的。他每次在走廊從我身邊經過時，都差點要撞到我的肩膀，我覺得他是故意的。他低著頭，直直盯著地板，向地板傾斜，一副要來個美式足球的肩膀衝撞似的，但每次都僅差半吋就撞到我。他好像是在給我傳遞訊息。

這麼說吧——當實習生藍尼在附近的時候，惡霸比利就躲了起來。

我坐在離他三公尺遠的地方，假裝在看書。我想和他說說話，或者至少得到他的回應。我起來去倒水，故意把冷卻器弄出聲音，看他會不會抬起頭。心想這樣我們說不定就可以有第一次交談。但他絲毫沒有被我的干擾影響。他大概是和狗狗一起受過訓練過的吧，所以接下來我便清了清嗓子，但他還是沒有反應。

我想叫他，但我知道不管用，因為他一直不理我。當我說像「藍尼，麻煩把鹽遞給我。」這類簡單的事情時，他卻不理不睬——全無反應。有時他只是看著我的頭頂就離開了房間。不僅僅是對我這樣，藍尼對修道士們也沒有回應。但是當他少見的開口說話時，卻是像教官一樣用很大的音量喊叫。昨天格利貴修道士請他幫忙洗碗時，他便走到修道士面前吶喊說：「**我很樂意洗碗，格利貴高利修道士。**」好像他是在利物浦足球賽現場似的。他的聲音到底怎麼了？

我要好好問候他家祖宗十八代了，這傢伙是有什麼毛病？

我站在那裡看著他，就等他看我一眼什麼的。他一定知道我在設法引起他的注意，但還是——什麼反應也沒有。他穿著平常——而且是每天穿的衣服，身上沾著咖啡污漬、潑濺的泥巴、狗的口水，有如佩戴著榮譽勳章似的。他在這裡的主要工作是在儀式上焚香。每一次日課進行到一半，藍尼就會穿著Fargo的行頭，行軍般走到教堂四周的蠟燭前，點燃蠟燭。等日課結束時，他又出現了，把蠟燭吹熄。接著再度消失。

雖然實習生藍尼在我看來是不正常，但我必須說，對他來說，沒有什麼工作是小事。無論他被要求做什麼事，他都不會說一句心煩氣躁的話或有反對的意思。藍尼拖地、刷洗教堂、洗碗。喂，藍尼，草坪上有狗屎。收到，藍尼用手撿起來。他是個不正常的工作人員——完美的實習生。話雖如此，我已經來這裡四天，但一直沒有聽到他真正說過什麼話。我很怕實習生藍尼，不過修道士們卻十分喜歡他。

*

今天是一場掙扎。我迫不及待想好好的省思並控制意念，但沒有如願——什麼也沒有發生。日課很好，但沒有人告訴我該怎麼做，他們就把我扔進了火裡。在某種程度上，這麼做是好的，因為迫使我密切注意，並自己去想辦法。他們說這是最好的學習方法。我老婆總是告訴她的同事，「如果沒有人告訴你怎麼做你的工作的話，你會怎麼做？」她所說的答案是驚人的。**有時候你就是得撕掉劇本，打破常規，用自己的方式去做。**

＊

在耶穌像四周的誦經和省思之後，今天日課的主題是寬恕。這就是我的掙扎。倒不是說我在生活中充滿怨恨，而是當我覺得自己被人冤枉或背叛時，便很難釋懷。所以當克里斯多福修道士說明寬恕是對治浪費精力的辦法時，我才終於明白了這一點。不過對少數一些人，我心中的怨氣依然難消。

今天我在早課之後，開始做雜務之前，比利認為看一下手機也無妨，說不定可以上網了。他想看看有沒有電子郵件、社交媒體，看看我能不能發一條簡訊。這是十分鐘單向的談話。他說，我聽。

我必須離開我的小房間。但是，因為有熊出沒的警告以及山腳下有兩條嚴格看守地盤的狗（牠們的吠叫聲堪比電影《狂犬驚魂》，所以我不可能在樹林裡跑步）。我決定在私有道路上來回走。這是唯一安全的選擇。

我選擇走路而不是跑步，是因為我不想在這裡洗衣服。首先，我不擅長洗衣服（白色衣服會被洗成粉紅色），但也不想在這裡妨礙別人。我最不想做的事就是霸占洗衣機。就因為這個緣故，我不想跑步和流汗，甚至也覺得這可能更具有象徵意義。在外面的世界，我會跑來跑去，我會去跑步，但在這裡，我覺得需要放慢下來。

我穿得很臃腫。我沒帶有手套來，於是把兩雙襪子套在手上，這是有經驗的跑者的招數。我知道走兩千步大概相當於一・六公里，所以走路的時候會數步數。下行是一千六百五十五步，但出於某種原因，上行是一千七百〇五步，總共是三千三百六十步。上下大概是二・七公里。如果我一天走六次，就超過十六公里。這是我的新目標，在離開這裡之前要在車道上來回走一百九十二公里。

晚飯後我躺在床上思考。我一直想著，要是我在家的話，現在會在做什麼。大概是幫孩子們洗澡，然後把他們送上床。之後，會躺在沙發上看ＮＣＡＡ錦標賽，和莎拉一起打發時間。聽起來真不錯。

今晚我又進行了一次失敗的靜坐。

或許我該趕快閃人才對。

對啊，就該這麼做。惡霸比利回答。

或許我應該去法國南部和一行禪師一起生活。

不知道一行禪師現在在做什麼？

一縷月光劃破我房間空蕩蕩的黑暗。狗兒們在叫。飼養所離我有一百碼遠，可是牠們的叫聲聽起來好像就在我的房間外面。藍尼離我只有三公尺遠。等一下！好了，我的思緒回來了。我從床上起身，踮著腳尖穿過房間，拿一把椅子頂在門把手下面。以防萬一。愈安全愈好。萬一藍尼因為他得撿狗屎，而我要做的卻只是在訓練過程中分散狗的注意力而覺得不爽怎麼辦？我開始自己嚇自己。

二〇〇四年一月的一個晚上，我在隨意轉換電視頻道時，看到了一個防身術課程的深夜電視購物廣告。他們提供了的是一整套防身術課程。廣告很老套，就是一個男子走進酒吧，然後有六個男的無緣無故撲向他。這種事很令人反感不是嗎？總之，就是有撞球檯和一堆碎啤酒瓶的暗示。接著這位自我防衛英雄就像老式功夫明星那樣立即開始打鬥，他用空手道打倒這六個無賴，像電影裡拍的那樣，把那些人痛打一頓。然後對著鏡頭說：「你也學得會。」

我信了。

第二天我在辦公室，請當時正在馬奎斯飛機公司實習的好朋友馬克．奧西尼幫我找到紐約市最好的自衛隊員。我和人合夥開了一家預付私人飛行卡公司，但是今天要做的事有點不尋常。過去五個星期，馬克一直在檢查飛行時間和天氣狀況。

「我要成為某個領域的黑帶。」我對他說。

第二天，奧西尼把十張照片和個人簡歷像嫌犯照片似的釘在布告欄上——活像美劇《反恐危機》裡的場景。他在實習方面是黑帶——這個小孩知道如何把這種鳥事做好。我瀏覽這些照片時，奧西尼說：「這些人都是玩家，但他們都不適合你。**這個才是你要找的人。**」他拿起一張提姆．高迪的照片。他在約翰傑伊刑事司法學院教近身格鬥。

我知道近身格鬥是以色列軍隊發展的一門防身學科。

「打電話給他。」我說。

簡短通了電話後，我請高迪來教我防身術。他的身體好比一個大鐵球：圓滾、有力。我有一種感覺，假使我朝他的鼻子打去，我的手一定會骨折。高迪每星期來我家兩次，每次一個半小時，訓練了一年。我們把房子裡所有的家具都撤出去，把客廳變成了八邊形。訓練超猛的——有一天他一不小心就把我的肋骨弄骨折了。

近身格鬥的第一擊要檢查的項目可以歸結為三個基本要素：第一，有人侵犯你的空間嗎？第二，是否造成直接威脅？第三，要在對方抓到你之前幹掉他們。這些聽起來都挺合理的，對吧？

接下來的幾個月，我不停的練習、練習、再練習。我去上班，要辦公室的同事緊緊抱住我，看我能不能逃脫；設法戳我的眼睛，看看我擋不擋得住；朝我揮拳，看我能不能防衛並反攻，結果變得有點像電影《頑皮豹》系列的功夫高手卡托的那些場景──有人會在一些奇怪的時刻從壁櫥裡跳出來撲向我。我想看看這玩意兒是不是真的有用。訓練數月之後，我準備好了。

我幾乎可說是在期待對峙情況的發生。

一個星期五的早上，我穿西裝打領帶離開家門，要去參加一個重要的商務會議。我從不穿西裝打領帶，但那天必須這樣穿。當時我手裡還拿著兩盤水果──一手一盤，一盤是前一天晚上在Fairway買的，準備帶到會議現場，肩上還背著一個束口袋。踏進電梯時，裡面有兩個維修工。我在這棟樓裡住了十年，基本上認識所有住在那裡和在那裡工作的人。一直在和這些人聊尼克隊什麼的。「你們好啊。」

進電梯時我說。

電梯停在下一層，一個二十多歲的傢伙走進電梯。我以前從未見過他，但他臉上有一種兄弟、哥兒們、酋長、老大的神情，還有一種與這種神情速配的態度。當時是十二月，但他汗流浹背，頭髮亂成一團，眼神閃亮。我後退向右邊，給他一些空間，他便立即轉身面對著門，站在電梯中央。但是當電梯門關上的時候，他開始後退，直到壓在我身上為止。我的意思是說，他壓著我的水果盤。他不停地動來動去，好像一個電影院裡脖子不停的轉來轉去的人，令人討厭。

「你能不能讓一讓啊，**王八蛋**。」他說。

一開始我根本不確定他是不是在跟我說話。

「你說什麼？」我說。

他轉過身來，看著我，又用發紅的眼睛給了我一個「有膽你試試看」的表情。

「我說給我讓一讓，他媽的。」他說。

我看了看其中一個維修工安吉爾，他慢慢地搖了搖頭，好像在說：「大哥，別讓他那樣跟你說話。」電梯開始下降。五、四、三、二、一，電梯門打開。那個傢伙走了出去。

「也許是你媽媽的錯。」他壓著嗓子說，但聲音大得足以讓我聽見。「她教育你的方式。」

我站在那裡怒火中燒。我能感覺到身體裡那股熱氣在上升。

「你說什麼？」我說

他朝我彈了個響指，朝門口走去。

我忍無可忍。「你他媽的過來當著我的面說。」我說。

換成我生命中的其他時刻，我可能會有點訝異，說不定心裡還會七上八下，但我好歹花了一萬六千美元上過近身格鬥課，所以渴望知道這一切訓練是否有用。

但當時我也拿著兩盤哈密瓜塊和香蕉片，還穿著西裝。

然後我只知道我們面對面了。他的氣息帶有昨晚的伏特加還有誰知道是什麼鬼的臭味。我就近身格鬥的重點做核對：他在我的空間裡嗎？在。我是否覺得受到威脅？是。這傢伙有沒有意識到我要用膝蓋狠狠地踢他的卵蛋，一腳把他的卵蛋踢到耳朵裡去？我已經和教練練習過六千次。然後我就會拿著我的水果盤，像在他的腦袋上像敲鈸一樣的耍玩。

他勢必感覺到了什麼，因為他迅速轉過身，氣呼呼地離開了。我還沒來得及動手哩，他就從大樓裡走了出去，但他走的時候好像以為自己贏了。

直到早餐會議結束去上班的時候，我還一肚子氣，無法正常思考。我不斷地在腦海裡重播這個場景。我應該或可以有什麼不同的作法？我當時人在會議室，便把剛剛告訴你的事情告訴了在場的每個人。

他們都說：「你這個沒膽的傢伙，竟然放他走？虧你還是個近身格鬥士！」

我火冒三丈，於是坐上一輛計程車，回到我住的那棟樓去找他。我甚至不知道為什麼這麼做，我已經看到那傢伙離開了，但我因為怒火中燒，所以思緒不清楚。我在門衛那裡填了一些表格，讓他知道這件事。這樣一來，再次看到那個小伙子的時候，反正已經有備案紀錄，我們有過爭吵，是他挑起來的。我想，萬一以後我們打架的話，他或許就不能告我了。

此後的每一天，我都在大廳裡多等一會兒，希望能再見到他。事實上，高迪還決定在電梯裡給我上一課，模擬萬一情況重演會如何。我搖身為電梯搏鬥大師，利用對牆壁的槓桿作用、間距等。我對那座電梯可說是瞭若指掌了。

一個月過去，然後是兩個月，完全沒有看見這個討厭傢伙的蹤影。我穿著近身格鬥的運動衫在這棟樓裡走動，有如飛車黨的成員穿著幫派的服裝——或許我可以放點消息出去。好吧，這聽起來有點可笑，但我想重新一較高下。可是還是不見他的蹤影。我試著把早上搭電梯的時間改到那件事發生的時間，但後來再也沒有見過到他。我開始懷疑那個人是不是住在這棟樓裡。

六個月後，有一天我準備去騎自行車。我按下電梯按鈕，終於見到他了，他一個人在電梯裡。這次我拿的是自行車而不是水果托盤，穿著滑溜溜的自行車鞋——穿這種鞋走路就像在溜冰場上穿木底鞋。我穿著有彈性的自行車短褲和有彈性的自行車運動衫，在德州看起來像個法國佬，還戴著頭盔。媽的，我可沒受過穿這身裝束打鬥的訓練。

但我還沒來得及說一句話，他就先開口說：「我一直希望能遇到你，想為上次在電梯裡的事道歉。我實在是太混蛋了。當時我嗑藥嗑 high 了，請你原諒我。」

這簡直就像是把一萬六千美元扔出窗外一樣不可思議。但是今天的日課提醒我寬恕的重要性。也許我應該多想想藍尼的處境，和他之所以這樣的原因，而不是被他惹惱。我的意思是說，我的預設按鈕通常是直接跳轉到被激怒的狀態。當我對一個超我車的人不爽時，莎拉總是說：「說不定那個人是去醫院急診的呢？」和「說不定他們今天過得很糟糕呢？」

她總是往好處想，這樣就不會自己生悶氣了。

「你不必生氣。那是他們的事。」她喜歡提醒我。

她說的對。話雖如此，我還是做好踢藍尼屁股的準備，以備不時之需。

好吧，我還得在這裡下很多功夫修行。

新精舍的用餐景象

第5天

苦難能給人力量

「萬物恃之以生而不辭，功成而不有。」——老子《道德經》

我的目光掃過了一下窗外的停車場。停車場裡開始擠滿了一般民眾。一輛一九七〇年的龐蒂克老爺車轟隆隆地開上了車道，然後兩個老人下了車。我一直看著他們走進教堂到看不見身影為止；我到這裡才五天，但在這裡見到一般民眾還是很奇怪。然後有更多的汽車開進車道，接著有四位老人家下車。修道士們今天進行靜修，但其實也沒有吸引到太多的人。

後來，教堂裡座無虛席。此時就算外面有賣黃牛票的說：「我有第三排兩個座位，第三排兩個座位。」我也不會感到驚訝。所幸我已早早趕到那裡，坐到平常的位子，但是，教堂裡卻是人滿為患啊。結果，教堂裡修道士和香的味道被放大了，意思就是說到處都是薰香的味道。他們告訴我，修道士們焚燒香爐既是一種宗教儀式，也是一種掩蓋體味的方式，或者確切來說，那才是焚香的最初目的。

我坐在那裡等著日課開始，並吸入一大股香氣。香味一入鼻，我就有了一種嗅覺記憶重現的感覺，想到一個叫做「靈魂兄弟」的舞蹈團。於是我又心隨念轉——走那條哪兒也到不了的風景路線。總之，我的唱片於一九七〇年代初發行時，我便和他們一起巡演。

靈魂兄弟是三個洛杉磯人，為和我錄同一支錄影帶的戴夫．傑夫（Def Jef）伴舞。他們曾上過電視節目《生動的色彩》（In Living Color），擁有無與倫比的街頭親和力。我開始做校園巡演的時候，問傑夫能不能讓他們做我的伴舞，和我一起點燃觀眾的熱情。他們幾個是沉著冷靜的人，但喜歡吸大麻。這麼說吧——倘若真的有史努比狗狗大麻奧運會，他們幾個肯定勇奪金牌。他們知道自己做了什麼，於是焚一堆香努力掩蓋氣味。

在我退出說唱界幾年後（咳—嗯，我沒有簽到第二張專輯的合約），我接到靈魂兄弟打來的電話。他們要去華府參加百萬人大遊行，返回卡利的途中會經過紐約市，所以需要有個地方住，並問我是否可以在我的公寓過夜。當然可以，我說。

他們在星期一出現了，就在我要出門上班前，所以我告訴他們把我家當自己家。我覺得他們也確實是如此，因為我下班回到家後發現，他們把我所有的家庭照片都從牆上取下來，換成了鮑勃．馬利和馬爾坎X的照片。

今天教堂裡充滿了期待的交談聲。我把自己從靈魂兄弟的回憶中拉出來，專注於當下。來自全國各地的人來此參加為期一天的靜修。你可以感覺到他們似乎都在尋找人人都想要的東西：快樂、意義和靈性。我盡量在椅子上坐得舒服一點。

利百加修女的演講為靜修活動揭開序幕。她是新精舍的三位修女之一。修女們住在山下，她們就像修道士們的姐妹，參加所有的活動，並分擔所有的靜修、活動和職務。

修女們比修道士晚幾年到新精舍，她們的故事也相去不遠。起初印第安那州的一所女修道院有六個左右的修女，她們在尋找稍微更極端一點的東西，比如山上的修道院。後來她們聽說了新精舍的修道士在做的事，於是來到這裡並待了下來。她們烘焙乳酪蛋糕並銷往世界各地，這種維持生計的方式也小有一些名聲，至少坊間或山間的傳言是如此。

利百加修女站在教堂前面的講臺上，看起來像喜劇《安迪．格里菲斯秀》裡的蜜蜂阿姨，有著發狂的勇氣。當她一開始講話，我就被她的話吸引住了。「溫柔對待自己。不要跟自己生氣。我們大家都在尋求平靜，」她說，「然而平靜已經在我們的內心。我們只是需要在心靈上下功夫。」

她解釋我們需要如何識別情緒和恐懼的感覺。我立刻想到了藍尼。真是要命！也許他是我的功課。也許修道士們把他安置在這裡，是為了訓練自己專心。但謝天謝地，利百加修女的話把我拉了回來。有時我們在情緒上會迷失，所以覺知和正念就像GPS一樣。只要能夠覺知自己的感受，就有助於處理自己的情緒，做出更好的抉擇——覺知會為我們指引方向。對我來說，覺知和直覺不是同一件事。直覺、本能和有根據的猜測可以引導人前進，但只有接受自己感受的「覺知」，才能控制住做決定時的感情。

只要我們能同時對直覺和覺知下功夫——就會有奇蹟出現。

我抬起頭，格利貴修道士就站在我面前。他遞給我一籃狀似吐司麵包的東西。我笑著舉起手示意不用了，謝謝你的點心。我不餓，何況還不到中午，所以我只能吃水果。格利貴修道士湊近我耳邊……

「麵包是昨晚守夜祈福過的。」他說。

我迅速抓起一個，塞進嘴巴。

吃起來的感覺像是吐司麵包。我就是吃這些東西長大的。我嚥了下去。

在那一刻，我想我應該思考耶穌基督的犧牲精神，並期待祂歸來。我不得不說，就犧牲而言——祂是很了不起的。祂的一生聽起來就是犧牲。這是相當諷刺的，因為現在大多數人都在盡量避免犧牲。

今天早上的日課很好，我很喜歡裡面的佈道，而且祈過福的麵包對我來說，是我受到歡迎的象徵。

*

等大家都要離開教堂時，入口處就開始堵了起來；教堂裡面和四周約站了有六十個人，有點像參加完婚禮後在教堂出口處排隊等著和新郎新娘握手那種感覺。就在我往外擠的時候，一位來賓走過來給了我一個大大的熊抱。他是偷襲的，而這個擁抱的感覺簡直就像我是剛從戰場上回來的。

他們吸引了一些有意思的人來參加靜修，這傢伙當然也是其中之一。他身高約一百八十五公分，是非洲裔美國人，生氣勃勃，活得似乎很快樂。但那傢伙基本上是站著從背後摟住我，讓我無法逃脫。

「克里斯多福修道士，你擦的是新的古龍水嗎？」他問，並朝我的脖子深深地吸了一口氣。

「哎，不好意思，你弄錯了。我不是克里斯多福修道士，我只是傑西。」我說，「而且我沒擦古龍──」

「只是傑西！啊，新來的修道士！」

就在這時，他親吻了我。

他靠過來，在我的臉頰上啵了一下──還做出聲效。他並未就此打住，接著用嘴唇拂過我的臉到另一側又啵了一下。但這不是歐洲的雙頰隔空親吻。不是，這是貨真價實的親吻雙頰。他把我從他的吻中拉了回來，或者該說「我們的吻」──不對，我認為說「他的吻」更正確──而他仍然抱住我的雙肩。我的臉頰上一定留有口水的痕跡。這時我解釋說我不是修道士，但他似乎並不在意。

「這裡挺特別的，不是嗎，只是傑西？氛圍，空氣，氣味！」

氣味？

他說：「只是傑西，和我同行，與我共鳴，與我一起嗅聞。」他說。

這個提議我怎能拒絕呢？

我們經過我的房間時，他停下腳步。然後嗅了嗅。

「你聞到了嗎？」

「什麼？」

「橘子皮。我從沒在這裡聞到過。有什麼東西在醞釀著，你怎麼聞不到呢。」

媽的什麼鬼？這傢伙有超感官嗅覺嗎？

「只要允許自己好好的呼吸，就會聞到這裡有一些氣味，只是傑西。」

現在我在想的是，說不定與狗為伍可以得到一些獨特的超嗅覺能力。我們一起走到餐廳。

「我們的時間結束了，只是傑西。」他在一位修道士旁邊找了個座位後說。

這傢伙不錯，但我並沒有噴古龍水。

早餐恢復寂靜，讓我想起了年輕時和父母一起開車旅行。「第一個說話的人就輸了。」媽媽說。而我每次都會放聲大喊：「我輸了！」

我認為今天不合適這麼做，所以決定低調行事。

我在午餐（對不起，是dinner才對）遇見伯多祿修道士。他就是那位住在輔助生活中心的修道士，但會來修道院參加一些活動和日課。修道士們說他「相當健談」，所以我盡量避開他。他們警告過我：「如果他說，過來和我待一會兒。」那就意味著我可能要跟他說好幾個小時的話。

午餐過後我被帶進了閱覽室，我們面對面坐著。伯多祿可能年近八旬了，但他看起來好像才六十出頭。這是這裡的修道士們的特點；他們都懷有一顆年輕的心。隨著年齡的增長，這是我唯一想要保持的東西——青春。我知道我們騙不了時間，但是如果行為年輕、思想年輕、展現年輕，便可以對應對老化的方式產生影響，延緩衰老。

「啊——傑西，我經常聽別人說起你。我們還沒有機會認識一下。」

「很高興見到你，伯多祿修——」

「有你這樣專業背景的人竟會對我們的生活感興趣，真是有意思。」

「唔，我以為——」

「你有些什麼目標？吸引你到修道院生活的原因是什麼？我當時在決定這是否是我要過的生活時，是處在一個與今日截然不同的年代。現在和那時候的情況不一樣。**但你知道什麼不會改變嗎，傑西？就是心。心是不會改變的，然而時代卻改變了。是啊，時代變了，但只要我們願意，心還是一樣的。**」

你要是問我的話，我會說他的腦子是相當清醒的。

「哦，這個嘛，」我說。

「我來告訴你一些修道院的事情。」

「謝謝，但我得——」

「在你決定把這條路作為你的人生道路的時候，我們必須告知你。」

人生道路？

「拉把椅子過來，過來和我待一會兒……」

幸而就在他說出後面的話時就被打斷了；一輛汽車陷在雪裡，他們需要人手推動車子前進。我跑回房間，抓起一件外套，讓自己穿得暖暖的。我走出去的時候，實習生藍尼已經在推車，沒有戴手套，也沒有穿夾克。他帶著一副「你這個和海豹特種部隊一起生活過的人，竟然還要穿外套」的表情看著我。我認為這爛人是故意讓我看起來很不中用，好像我們是在做某種實習生的私下較勁之類的，而他是唯一上場的人。我發誓我正努力擺脫這些消極的想法，去接受藍尼，但是……

我根本不是實習生好嗎？

我們把車子從雪堆裡解救出來後，我被抓進了廚房。格貴利修道士告訴我，我負責洗碗盤。那些全是來靜修的人用過的碗盤，一共有三百個。於是修道士們離開了，把盤子、鍋子和餐具留給我。我就好像是運動團隊裡的菜鳥，在訓練結束後還要負責洗衣服。真恨不得馬上告訴莎拉。

莎拉：「親愛的，你在修道院做些什麼？」

我：「洗盤子、分散狗的注意力。哦，還有我在山上來回走了好幾個小時。」

我因為沒有通過格貴利修道士的檢查，而得重新刷一次鍋子時（我說我上一次是像刷鍋達人那樣刷鍋時，並不是在開玩笑），聽到有人說：「很多人和天堂就差了十八英寸——而這就是頭腦到心臟之間的距離。」

我喜歡這句話。

所以我把每一個盤子都當成是一個伏地挺身，把每一個鍋子都當成一個引體向上，每一個餐具都當成一個仰臥起坐。我盡力用最快的速度洗碗盤——更用力——更快速。我在征服那些碗盤。當我終於完工後，格貴利修道士告訴我，洗碗盤就是我今後在修道院正式的工作。

克里斯多福修道士下午帶領靜修。我們在教堂裡，他以冥想二十分鐘開始課程。我發現也不知道為什麼，在一個滿滿都是人的房間裡靜坐反而比較容易。然後克里斯多福修道士談到我們為了成功而給自己施加的壓力。

「我們花太多時間擔心可能永遠不會發生的事情。」他說。

接著他把話題轉到痛苦上，引起了我的注意。他說，逆境是靈性覺醒很好的催化劑。苦難是通往內心的巨大加速器。我們在面對死亡時，發現了生命最深切的意義。死亡、疾病和失去把人帶入一個新的時刻和新的思維方式。面對悲劇時，它並沒有剝奪你的快樂和平靜，而是一份好禮物。我不得不說，對於一個沒有深入研究的人來說，這玩意太深奧。

但是我受的苦無法和克里斯多福修道士所說的相提並論。我的苦一直都是在耐力賽的自我折磨。二〇〇六年我參加全美超級馬拉松錦標賽，並把我的目標從贏得比賽調整到在二十四小時內跑完成一百六十公里。我在練跑期間籌募資金，收到一百多萬美元的捐款，卻只是增加完賽的壓力！

我給自己九十天的訓練時間，像機器一樣的鍛鍊體能。我總是告訴人們，當你有一個大目標時，必須把完成它所下的功夫變成一種執著，並且成為你日常生活的一部分，而在目標實現之前一直保持這種狀態。我帶著這樣的心態每天訓練兩次。這是一種執著。晚上我會做研究、閱讀文章、觀看關於實現目標的影片，並且發現其中大多數都有五個相同的主題：

1. 為目標設定一個明確的日期

2. 有一個負責任的夥伴
3. 把目標寫下來
4. 擬定實現目標的詳細計畫
5. 執行計畫

這項研究幫助我保持了我的執著，但所有這些認知在跑到一百二十公里的時候都被拋到了九霄雲外。當時我的腳踝腫得有像葡萄柚那麼大，襪子周圍有六片腳趾甲，腳上起了好些水泡，個個狀似你在超市看到的紫葡萄。在那一刻，我大可以把「我的目標」紋在額頭上，但無濟於事。你他媽的那些目標、博客和自助影片；要跑最後四十公里的人又不是它們。

我在德州葡萄藤市一．七六公里長的泥土環道跑步時，心中一直在掙扎。但跑短環道讓我有機會在比賽中看到其他選手。其中一名與賽選手是超跑界的傳奇人物潘．李德（Pam Reed）。她之所以有名不僅僅是因為完成了惡水超馬賽跑（舉世最艱辛的跑步賽事），而且還因為她奪得了冠軍。潘經過我身邊時，我們開始聊天。

好吧，在跑第一百二十二公里的時候能有力氣聊多少就聊多少。

「我今天沒有感覺。」她說，「這是我的最後一圈。我就要回家了。」

不行！

我向潘解釋說我是為了慈善事業跑步，需要她幫忙。我知道在我遇到麻煩時，她能提供大量的資訊。說實話——我已經有麻煩了。但我知道她一切都看在眼裡。為了平衡這場比賽，我需要她和我一起跑，「指導」我克服痛苦。謝天謝地，她笑著同意了。

「一直前往跑就是了。」她說，「心裡別去想跑步這件事，這死不了人的。總之繼續往前跑，不要停。」

我聽了她的話，一次移動一條腿，跑了一圈又一圈。

「疼痛會持續一個星期，」潘告訴我，「可是回憶是永遠的。」

跑到一百三十四公里的時候，她看出我對自己的懷疑。我的腿已經僵硬到不行，我真的不確定能不能跑完全程，想要喊停。我正準備說出我不知道我能不能跑到終點時，她看著我的眼睛。

「不論發生什麼狀況，」她說，「繼續向前邁進。」

比賽開始二十二小時三十分鐘後，我衝過了終點線。我因此坐了三天的輪椅，但我跑完了！沒有潘的建議、指導和扶持，我永遠不可能完賽。這段受苦的經歷在生活的許多方面都給了我幫助。這個記憶幫助我越過了許多其他的終點線。我知道這不是克里斯多福修道士所說的那種苦，但他說的話對我很有意義。我明白了。苦難能給人力量。

第6天

刷地板、洗盤子也是種修行

「射有似乎君子，失諸正鵠，反求諸其身。」——孔子

當一個人長時間獨處後，對工作、計畫和討厭的人的所有擔憂就會煙消雲散，重要的事情就會浮現在你的腦海中。我真的很想念我的孩子們，當然也想念老婆。一想到她，就想起了離開前幾天的晚上。

我和友人兼教練馬克一起去了一家叫「南方十度」的餐廳，在那裡跟莎拉會合。我們三個打算趁我家的幾個孩子在我父母那裡時，好好享用一頓晚餐。我們喜歡這家餐廳，食物和裝潢都是南非風格，是一個引人入勝，也可以吃到美食的地方，而且離家不遠。在巴克黑德，就在羅斯威爾路旁邊。

我和馬克走進去時，便看到賈斯汀。他和他老婆是這家餐廳的老闆。賈斯汀以前是職業足球運動員，有金剛之力。他看到我們後，便跑過來一把把我拉進他的懷裡。他緊抱我的方式，就像我兒子拉澤擠牙膏那樣，一點也不溫柔。我猜他這種擁

抱方式折斷過很多人的肋骨。在我們打完大猩猩式招呼之後，他帶我們穿過山林小屋風格的餐廳，來到室內露臺，然後我們便坐下來等服務員。

這時我感覺到了。

你知道那種感覺，就是有人在看你，對，我就是有那種感覺。有眼睛在盯著我看，就像一枚追熱飛彈。我從菜單上抬起頭，掃視了一下餐廳。就看見一個女人，或許是剛畢業的大學生，眼神專注的看我。她有一頭波浪狀的金髮，古銅色修長的雙腿，一雙銳利的藍眼睛——目不轉睛的盯著。我很快移開目光，假裝是在找賈斯汀。

我看了看馬克，看他是否看到我看到的，但他正在看菜單，處於自己的小天地裡。我在桌底下踢他。

「馬克，」我像口技演員那樣說，「十二桌。」

「我怎麼會知道桌號？」

「不管你做什麼——現在不要看，但是在那邊，」我說，「我覺得她正在看我。」

「誰啊？在哪？」

我微微點了點頭，然後用眼睛引導他到那個位置。馬克把椅子轉過來，一副準備要看漢米爾頓（Hamilton）手表走秀的樣子。他這個私家偵探絕對是失敗的，因為太明目張膽了。他被逮個正著後，迅速地轉過身來。而這位年輕的女子仍一直盯著我瞧。

她不肯轉移目光。

「是凱特．阿普頓[6]的分身嗎？」馬克說，「乖乖隆的咚。」

然後他又突然轉過頭去，確認她還在看。喔是耶——她還在看。

「她在看你呢，大哥，」他說，「真是見鬼了。」

我們都感到莫名其妙。我每次抬頭看她，她都還在盯著我看。這個女的就像希臘女神美杜莎，但她不是把人變成石頭，而是把人變成果凍。她盯著我看了一小時；好啦，好啦，騙你的啦，但感覺就像長長久久的三分鐘。我得說，被這麼一個漂亮美眉盯著的感覺真好。我想這就是在大庭廣眾下被肯定是帥哥的感覺。當你已經是四十八歲的時候，就要盡你所能的享受這種感覺。

這是一種很好的自我膨脹——無害，但感覺很不賴。

然後她起身朝我們的桌子走過來，目光仍如雷射般專注，但現在還帶著一個燦爛的友善笑容。這真是瘋狂了，我心忖。她在幹什麼？萬一她向我求歡呢？萬一我跟她搭訕時莎拉來了怎麼辦？我應該不要跟她說話嗎？但這是不是太失禮了？她愈走愈近，最後站在我們的桌子前。

馬克抓起水杯，快速喝一大口水。

「不好意思，」那位年輕的小姐說，「很抱歉打擾你們，但是我能請教你一個問題嗎？」

「當然可以！我的意思是說，當然可以。」

然後她停了一會兒。

「就是你嗎？你是不是莎拉．布雷克利的先生？」

啥？

6 譯注：美國模特兒兼演員。

馬克口中的水從嘴巴兩邊噴出來，他用餐巾遮住嘴。

「嗯，是啊，」我說，「就是我。」

「我的天哪，」她說，「我好喜歡她，也好喜歡她的工作。她真是能夠鼓舞人心。天啊，我不敢相信。真不敢相信你就是莎拉．布雷克利的老公。」

「是啊，可不就是我嘛。」

我感謝她對我妻子的好評，並告訴她莎拉會很高興見到她。她滔滔不絕地說了幾遍，然後告訴我們她必須去一家叫 Sanctuary 的俱樂部和朋友見面。她甚至沒有邀請我們一起去——真是沒禮貌。她就這樣走了。馬克笑得前仰後合。

「滾。」我說。

事實上，有一個是公眾人物的妻子，對我而言沒什麼不自在的。我看得出這種情形可能會讓人很沒有安全感，但身為莎拉最大的粉絲和啦啦隊長，我很引以為榮。當然，有時候晚宴上，每個人想和莎拉聊天的欲望勝於和我聊天的感覺很奇怪，但看著她的光芒四射是很有意思的事。這就是團隊合作的意義。

婚姻有很大一部分就是分享彼此的成就，而我挑到了一個很棒的隊友。

大約十分鐘後，莎拉進門。我立刻告訴她那個女人盯著我看的事。她認為這事太滑稽。接著服務生過來給莎拉倒水，告訴我們特餐有些什麼。

我很喜歡那裡的食物，但我也認為去那吃飯就是欺騙餐（cheat day），是個大吃一頓的日子。然而，莎拉卻認為這是她一周中最健康的一餐。有很多晚上，我都看到她吃下一整盒乳酪餅乾當晚餐。她對健康的定義就是盤子上有綠色的東西——就像醬汁一樣。

我們準備點餐，莎拉點了加了美味奶油蛋羹的甜牛肉咖喱；馬克點一客十八盎司的帶骨肋眼牛排，我則是點奶油堅果南瓜水餃。等待食物上桌時，我們討論了三個人心裡在想的話題。我在修道院時要做什麼？

我們三人一直聊到食物送上桌。

吃完飯後，服務生過來給我們上了甜點。

甜點是賈斯汀的媽媽做的，叫作 Di delight。她做的每一樣東西都很棒，我們從沒有吃過不好吃的。這些東西都好吃到不行。服務生問我和馬克還要不要點什麼東西，但我們就此作罷，因為打算晚一點再去跑步。

「我要水果蛋糕。」莎拉笑著說。

「你這是在挑戰啊。」我說，「我喜歡。」

「挑戰？你在說什麼呢？」

「這個東西有一萬八千卡路里。」

「一萬八千卡路里的樂趣，」她說，「而且裡面有水果，傻瓜。這是健康的。」

天哪，我真是愛我老婆。

和莎拉在一起我學到了很多。這也是我如此想念她的另一個原因。她讓我變得更好——每一個方面。我覺得我們就是像卡爾・馬龍和約翰・斯托克頓那樣的最佳拍檔。他們兩個是技術嫻熟的職業籃球運動員，使彼此在比賽時表現更加出色。他們了解彼此的長處和短處，在比賽時會善用這些優勢。有時我是控球後衛，幫她助攻，有時則是她把球傳給我，讓我得分。

有時我們又像電影《末路狂花》裡的賽爾瑪和露易絲，只是我們不會開車墜崖。不過我最喜歡莎拉的地方之一，就是她的故事和決心。

莎拉從小到大一直想當律師，但是沒有通過法學院的入學考試……考了兩次都沒過。於是她大學畢業後沒有去讀法學院，而是決定去迪士尼世界當高飛狗……她當然去了！可是到迪士尼後發現她身高不夠高，做不了高飛狗（身高最低標準是一百七十公分，但莎拉身高一百六十五公分），所以他們就要她當花栗鼠。

在迪士尼短暫工作後，莎拉到一家叫Danka的辦公用品公司當業務，銷售傳真機，一做就是七年。有一天晚上她要去參加聚會，但覺得自己的臀部穿白色絲襪看起來不好看，於是拿出一把剪刀，把褲襪的腳剪掉，以免褲襪在衣服下面顯現出線條，而且看起來比較順。你瞧瞧，她的發明和偉大的點子就這麼誕生了。

儘管如此，擁有一個好的想法並把它變成一個厲害的現實是兩回事。在這種時候經驗有可能粉碎夢想。人們一直都有偉大的想法，但他們的經驗夠多，看到的失敗也夠多，足以讓他們開始認為失敗的機率太高了。

可是莎拉並不知道自己成功的機率很低。何況，失敗對她來說從來都不是什麼大事。**在莎拉成長的過程中，她父親每星期吃飯時照例都會問她那一周有什麼失敗之處。**她可能參加過學校戲劇演出、啦啦隊、或運動隊選拔，當她告訴爸爸她的表現有多差時，他都會跟她擊掌。成功還是失敗並不重要，重要的是她嘗試過了。這作法改變了莎拉對失敗的定義，失敗與不去嘗試有關，而不是結果有關。

在接下來的兩年銷售傳真機的過程中，莎拉在下班後的晚上和周末都在努力開發她的新創意。她從積蓄中取出五千美元設立Spanx這家公司。由於她從未上過商管課程，所以在經營方面靠的全是直覺和膽量。

莎拉沒有動用她所有的法律費用來為產品申請專利，而是買了一本關於專利的書，自己動手寫專利申請書。她在包裝上使用了大膽的顏色，使產品在貨架上亮眼突出，並且連續兩年，百貨公司每天都花十二小時推銷她的產品。結果奏效了！

Spanx這個名字是莎拉在亞特蘭大塞車時想到的。她知道柯達（Kodak）和可口可樂（Coca-Cola）是世界上最知名的兩個品牌，兩個品牌都有很強的k音。她心想k這個字母一定是帶好運，但卻在最後關頭把k改成了x，因為她聽說自創的字比真正有意義的字更容易成為註冊商標。

莎拉推出自己的產品後，便開始打電話給連鎖百貨店的潛在顧客，可是一無所獲。她後來有一個去達拉斯的內曼．馬庫斯百貨公司（Neiman Marcus）開會的機會，但她的推銷辭令並不那麼流暢，於是改弦易轍，讓買家跟著她走進浴室。這對買家來說是頭一遭，但對方很有風度。莎拉在浴室裡穿上無腳的連身褲襪，親自展示「穿之前和穿之後」的樣子。買家說：「我明白了。我要在七家商店試一試！」

時至今日，Spanx品牌的業務項目已經不只有成名作的塑身衣。如今，緊身褲、運動服、泳裝、胸罩、服裝，以及她最新發明的纖臂塑形套都受到人們的追捧。不知為何，莎拉就是知道客戶想要的是什麼。旁觀這一切實在很有意思。她在本質上是個發明家，擁有多項專利，但她最自豪的是Spanx提升女性這個更大的使命。

不論如何，我最想念的是她對家人、朋友和孩子無條件的愛。

*

今天下午我去圖書館看看，回房間時必須經過廚房。這時我看到一個裝滿Clif巧克力能量棒的罐子，肯定是廚師喬希今天帶來的。我運用一些仿生計數方法，馬上明白有十一條營養棒……

每位修道士一條、實習生藍尼，還有我。

我餓死了。每天只吃水果和喝湯的飲食令我很想吃這些點心。

說不定修道士們根本不知道有 Clif 能量棒。

說不定喬希只是把它們拿出來而已。

說不定修道士們根本不喜歡吃 Clif 能量棒。

各種各樣的想法飛進我的腦海。

老實說，我把手伸進罐子裡抓了一條，就一條。但是……

我犯罪了。

我把十一條能量棒一股腦兒全搬回房間，吃了三條之後才走出房間……

15：00

他們說，簡單的體力勞動有助於保持頭腦清醒。

他們說得對。確實如此。我不介意做這工作，只是……

我不知道。我很難表達我的感受。今天下午，我和實習生藍尼跪在地上，用刷子刷洗教堂的地板，地板真是髒—得—可—以。因為修道士們穿著工作靴走來走去、有那麼多來靜修的人、還有每天焚兩次香，所以滿地都是塵土。

我試著和藍尼商量一下洗地板的策略，但他一聲不吭。他們是怎麼做到的——對人不理不睬？就算我和某人意見不合、就算是生氣，也會做出回應，說點什麼。但是跟藍尼說話就像用點字和人對談。

「藍尼，你要不要從後面開始，我從前面開始？」

半點回應都沒有。

我開始刷洗的時候，當真想知道為什麼我會來到修道院。當然，我在學習，但是時間過得太慢了。我得開始聽老婆的話了。就像我媽媽一樣，她幾乎總是對的。說起來也不無道理，因為莎拉也是媽媽。她告訴我，我總是不假思索地一頭栽進去。但我媽媽曾經說過：「愉快的接受你擁有的一切。」

他們倆的話我都該聽的。然而，現在惡霸比利處於攻擊模式。

我的意思是說，也許我原先該做的是去我媽那裡住幾個星期，而不是來這裡。

我原本以為要去一個像在西藏的寺廟。然而，我看到的卻是穿著牛仔褲和運動衫的馴狗師，還有硬毛刷。我不斷把刷子的毛磨到地板上——狠狠的。如果我得掃地的話，至少我想把它做好。

刷地時，我看了一下藍尼，他使勁的刷，活像是以此為生的人。我對自己說：他只要敢對我說一個字，我就會讓他吃掉刷子——這不太有修道士精神，但我真的被惹惱了。不知道我怎麼會把自己搞到這種狀況。老天爺，我畢竟是曾經把一個海豹突擊隊員搬進我家住的人啊！然而我竟然跑去住在一個有一大堆德國牧羊犬的修道院！接下來要做什麼？和鱷魚摔跤？去南極洲裸體主義殖民地？上電視節目《與星共舞》（Dancing with the Stars）？

我為什麼一直要去尋找本身沒有的東西？我想這是因為我不想錯過生活。我的意思是說，人只有一次機會，所以何不盡量去創造回憶？

我翻身跪坐在地上，抬頭看著牆上那些標誌性的肖像。摩西就像你在大多數畫像中看到的那樣，老老的，有長長的白鬍鬚，拿著兩塊刻有十誡的石板。他好像在看著我。

「你怎麼了？」摩西說，「大老遠來這裡卻一無所獲？」

我怎麼覺得他說起話來像名嘴傑基・梅森（Jackie Mason）。

「我錯了。我不該來的。」
「錯了？這就是你的心得？永遠不要去修道院？」
「差不多吧。」
「別傻了，」摩西說，「這個心得就握在你手裡。」
「我手裡除了這把笨刷子以外什麼都沒有。」
「完全正確。」
我看著刷子，有如被成龍的功夫腿踢到頭般的領悟了。我沒有受到修道士們的考驗，而這個事實本身就是一種考驗。這根本就不是什麼神祕的靈修之旅，而我也不是要來浮在半空中或開悟的。我本來就該刷地板、洗盤子，本來就應該成為這個團體的一分子，做他們做的事情，從中學習。
惡霸比利逐漸消失了。
就在那一刻，我改變了想法，明白有時候我們只是應該去體驗一些事情；讓事情自然的發生，並在當下出現。停止擔心兒子是否在他的足球比賽中得分之類的事情，只要為他的身體健康，可以參加比賽而感恩就好。刷地板花了三個小時。我必須說，好不容易刷完後，地板看起來頗棒，如同在麥迪森廣場花園的溜冰場，磨冰機在第一節和第二節比賽之間繞圈磨冰結束後看起來的樣子。我為我們所做的工作沾沾自喜。

我站在那裡，欣賞我們的工作成果。這感覺很好。

後來我去散步，做了一些自我反省。我告訴自己，必須牢記住我是來這裡體驗的。以後我不會再有機會長時間在外面休息和住在修道院的體驗了。我提醒自己有兩種類型的時刻（自己無法控制的時刻和自己創造的時刻），開始慶祝我正在創造這個記憶。所以我需要集中注意力，要參與、觀察和真正了解修道士，盡量從他們身上學習。我將盡我所能成為這個團體的一員，也會盡量樂在其中。

我必須有策略的做這件事，要竭盡所能找出關於這個地方的一切，並且想辦法阻止腦子裡的雜念。置身於一個世上最安靜的地方，並不表示腦子裡的雜音就停止了，我的雜念好像從未停止。

提早回家的想法還沒有消失。心裡的敵人還在躍躍欲試，那個存在我腦子裡的惡霸比利。他還在低聲對我說：「該回去了……」

晚上做日課時，Clif能量棒展開報復。我的肚子就像一個承載過量衣物的洗衣機一樣大聲咆哮，我能感覺到做日課的每個人都在看著我。我早該知道不該在修道院做壞事才對，現在遭受現世報了，真是對不起。

23：00

大約兩個小時前，我想是晚上九點吧，我和斯塔夫羅斯修道士打掃狗舍。每天晚上他都會去訓練中心讓狗在外面跑一跑，以便打掃。今晚他邀我一起做這件事。我們從睡覺的地方走到兩百碼外的狗舍，冷得刺骨，一片漆黑。斯塔夫羅斯沒有帶手電筒，但就像是在晴朗的天氣走在路上，完全沒問題。海豹會喜歡這個傢伙的。

「如果你想和狗玩，我可以洗狗舍。」我說。

「不用，」他說，「你該好好和這些狗狗在一起，與牠們培養一下感情。」

「好啊。」

在我負責讓狗分心的那段時間裡，按照指示務必以不具威脅性的姿勢和狗打招呼，要把雙手放在地上握拳。所以當其中一隻狗過來迎接我的時候，我就這麼做了。

這個姿勢不僅能夠安撫狗，就算萬一被狗咬了的話，指關節上的肉也比較少一點。

狗一靠近我，就繞過我的拳頭，瘋狂地衝向我的蛋蛋。我獨自來這裡的不良作用之一就是讓我顯得像個色鬼。我想狗狗們注意到這一點了，因為牠把鼻子伸進了我的鼠蹊部，然後就像安檢犬在機場搜尋古柯鹼那樣嗅聞一樣。斯塔夫羅斯把牠拉回去，吩咐我給牠點東西吃，我照辦。牠一口便吞了下去，請牠吃點東西總比吃我的蛋蛋來得好。然後牠又往我的蛋蛋嗅最後一次，就被斯塔夫羅斯送回狗屋。

今晚接觸過第一隻狗之後，我就對這些狗感到有些煩膩，卻和牠們一起待到晚上十點十五分才回去。走進我們的屋子後，我看到藍尼的門微微開著，並聽到從他的房間裡傳出一些誦經聲。我躡手躡腳的走進我的房間，把靜坐椅塞進門把手下面，成為一把自製的鎖。我不會讓任何人進來這裡抓我的。

DAY
7

第7天
是修道院，也是商學院

「再微小的實踐也遠勝於繁多的說教。」——甘地

今天我又和一些修道士談論「快樂」這件事。但他們其實是想要了解我的觀點，想知道我是怎麼想的。我說了諸如此類的話：我認為快樂是一種純粹的情感。他們對我這個說法很好奇，於是我便跟他們講了兩個故事。

那是一九八五年的事，當時我坐在客廳的沙發上，和朋友麥倫一起打發時間。他是我團隊的成員，是雙人霹靂舞者之一。我們每個周末都會聚在一起，竭盡所能地表演我們的節目。有一天，我對他說：「我們去華盛頓吧，做街頭表演。那裡的小鬼絕對比不上我們。」

確實是如此，美國其他地方的孩子們開始跳霹靂舞的時間比紐約至少晚了六個月，因為紐約就是發明這玩意兒的地方。所以他們不可能跳得比我們好。當其他地方的小孩在MTV上看到這些舞蹈的時候，我們已經在發展下一個了。

這個想法是憑空冒出來的，但是就像大多數好的想法一樣，這些想法必須抓住時機，捷足先登才行。所以我們說服了我剛拿到駕照的姊姊吉兒開車帶我們去那裡。我們所要做的就是付錢讓她開車和閉緊嘴巴——打死都不能告訴老媽。她喜歡這個計畫，於是第二天早上七點，我們便擠進她的車，上路了。

我高二的時候，霹靂舞已經成為我全身心投入的愛好。我常常把《靈魂列車》之類的綜藝節目和《閃舞》之類的電影錄下來，設法學習裡面的每一個舞步動作。我用錄影機的慢鏡頭學習，然後在鏡子前練習，就連我的父母也支持我。這世上能有幾個父母不把車子停在車庫裡，而是讓兒子清空車庫，再用紙板箱、音箱和鏡子來練習霹靂舞的？我的父母對跳霹靂舞沒意見，但我無法告訴他們我們在去華府的路上。

在老姊開車的時候，我和麥倫則在擬定表演舞步動作的策略。我們一直在努力使這個計畫完美無缺，並想出其他辦法讓我們的舞蹈動作更出色。我們還得導航，用地圖和爸爸的公路圖推敲出最好的路線，但每走過一、兩公里，腦海裡便不知不覺生出懷疑。萬一沒有觀眾怎麼辦？萬一我們跳得很遜呢？萬一別人笑掉大牙怎麼辦？六小時後，我們結束原本只要四小時的車程。

我們無比緊張，但現在要打退堂鼓為時已晚。

我們在喬治城的一家銀行旁邊找到了一個停車場，便開始著手設置表演場地。我們有一個巨大的音箱和從廣播電台（廣告什麼的）錄下來的混音磁帶，然後便按下播放鍵，開始表演我們例行的三分鐘舞蹈動作。但如我所說，我們還沒有把這個計畫規畫得很清楚，因為前三分鐘表演結束後，便不知道接下來要做什麼。

於是，我做我的動作，做完之後指向麥倫，接著他便跳他的，跳完後再指向我。我繼續跳我的，然後再指向他。你看得出來這會如何發展，接下來在我們跳舞時，人群便逐漸形成了。大約三十分鐘後，我脫下帽子，四處傳遞，然後大家就往帽子裡投錢。

表演完後，我們休息了十分鐘，再重跳一遍。後來總會有新的人群出現，我們就這麼一直跳下去，就這樣跳了一整天。老姊就只是在那裡看著；每一個人群裡都有她。最後我們被銀行經理趕了出去，他說我們不能在停車場做這件事。

那天我們獲得了兩百八十美元，付給老姊錢、付了油錢、還買了午餐，最後只剩下八十二美元，而且幾乎都是零錢。平分下來，我們一人各賺四十一美元。我把麥倫的那一份給他，他一塊錢一塊錢的數，數好後，跑到我跟前，給我一個史上最大的熊抱。「傑西！我們他媽的變有錢了。」他喊道。

這是一種很奇妙的感覺。我克服了在人前表演的恐懼，我們在做自己喜歡的事情，而且還能得到錢。在一九八五年，四十一美元對一個十幾歲的青少年來說是一筆不小的數目。在開車回家的整個過程中，我們臉上的笑意止不住，那是非常純粹的快樂。當我們把車開回長島家裡的車道時，我看了看老姊，再次感謝她。

「你們覺得開車到德州有多遠？」我問。

修道士們似乎很喜歡這個故事，但接著我又跟他們說了另一個故事。

往後快轉二十幾年：我坐在比佛利山莊酒店的游泳池邊，陽光燦爛。那一天我沒事做，剛剛點了一頓豐盛的午餐。我和朋友奧蘭多正在計畫晚上的活動，這時我的電話響起，是我的馬奎斯飛機公司的合夥人打來的。我接了電話，他叫我坐下來，但當時我已經坐在椅子上了。

「巴菲特的波克夏公司想收購我們的公司。」他說。

我們公司確實改變了航空業。過去九年來，我們發現了人們想要一年私自飛行幾次的市場需求，因而推出了預付私人飛行卡的方案。我們的客戶有購買二十五小時飛行時數的財力，但卻不想包一架飛機、簽下五年的租賃包機合同、或者擁有自己的飛機。而當時我們的營業額達五十億美元，擁有數百名員工，而且一直夢想著有朝一日能把我們的公司賣出個好價錢。

「好啊，」我對我的合夥人說，「那就賣吧。」

我們居然可以把公司賣給私人航空公司 NetJets 公司，而這家公司隸屬於巴菲特旗下的波克夏。太不可思議了。我掛上電話，看著奧蘭多，告訴他這個好消息。他簡直不敢相信，並且為我們感到興奮無比。

對修道士們講完這兩個故事後，我提出了一個問題：如果去問一千個人，（A）開車去華府，跳一整天霹靂舞，賺四十一美元，還是（B）把一家公司賣給波克夏，哪一件事是可以讓自己真正感到快樂，大家會怎麼選？我猜一千個人都會選B，可是他們錯了。和麥倫在一起跳舞的那一天是我一生中最快樂的日子之一——興奮至極。這個心得顯然是金錢不會給人帶來快樂，但這一點人人早已明白。對我來說，快樂更像是一種選擇。我是把快樂看成一種生活方式，而不是一個目標。

修道士們很喜歡我說的話——非常喜歡。

不過有個問題是，雖然我很喜歡新的挑戰和冒險的生活方式，但如果一直在尋找這些，以獲得更多的快樂，那麼我每天面對的生活方式，就需要更多的滋養，這是不是有問題？快樂不應該是貪得無厭的。

*

今天是我在修道院的一星期紀念，我的心得是：這裡不僅僅是一所修道院——而是一所驚人的商學院！我有機會和三位修女交談，交談之後發現，天哪！這些修女真是聰明。他們用一千美元存款開了一家乳酪蛋糕店。一開始，他們去當地的六家餐館，懇請這些餐廳讓他們把乳酪蛋糕放在店裡試吃。如今，他們的蛋糕馳名全球，一年要烤兩萬個蛋糕！他們在修道院製作和銷售，然後把蛋糕運往世界各地。

若是親自上門購買，買賣過程是採良心制的，店裡沒有任何店員，顧客自己從冰箱裡拿出一個乳酪蛋糕，把錢放進信封袋裡，然後把信封袋塞進一個槽裡。

我身為多次創業者很喜歡他們引導生意的方式。這些修道士也是很棒的自我推銷者。他們有三個主要的收入來源：每年以每隻三千五百美元的價格出售大約五十隻小狗；訓練狗的計畫，一次可以容納六隻狗住在那裡，每一期訓練收費兩千五百美元，而且還有煙燻乳酪。是乳酪！

但除了主要的收入之外，他們還寫暢銷書，並在這裡辦靜修活動。到此還沒有結束；他們有一個行銷部門、有社交媒體、經營一家可愛的禮品店，能讓收銀機響個不停。當然他們也有需要支付的開銷，比如說廚師、維修工人和日常用品或生活所需的費用等。

但是他們肯定能賺到足夠的錢來維持生活，而且還是有盈餘的。

這是一個超高效能的運作方式，年輕的企業家可以從他們的基礎架構中學到很多。他們每個人都有自己的部門，卻也知道其他人的工作內容，以備代理職務之需。作法是一個修道士負責每一條垂直線：

格利貴修道士：顧客、活動、禮品店。
馬爾谷修道士：廚房、日課。
多默修道士：狗訓練計畫。
路加修道士、若望修道士：養狗。
安布羅斯修道士：乳酪。
斯塔夫羅斯修道士：教堂。
克里斯多福修道士：監督所有事情。

一個小組，一個夢想。我最喜歡的是他們是完全自學的，一切都是現學現賣，之前並沒有什麼經驗可言。我一向認為經驗的重要性被高估了，因為累積經驗要花很長的時間。開始這個過程，然後邊做邊摸索。一旦等得太久，別人便會先發制人，或者你腦子裡的那個惡霸會說服你放棄追求你的想法。

我對得知的一切感到興奮，興奮無比，於是和克里斯多福修道士坐下來討論策略。我有一堆自認為可以幫修道院賺錢的點子。

「你們是專家。」我說。

克里斯多福修道士笑了。

「我覺得你們是有機會的。因為你們是繁殖幼犬的權威，所以可以利用信任，把業務擴展到育種和培訓之外。顯而易見的業務拓展方式就是賣皮帶、項圈和狗玩具，但這種收入並不會重複出現。所以不妨為每個小狗的買主建立一個狗糧和維生素系列。假設每隻狗的平均壽命是十年以上，而我們每個月都幫它們安排一份飲食計畫，收入就會增加。」

我很快的拿出一支筆，為克里斯多福修道士做了一個簡略計算。一年五十隻小狗，乘以十二個月的食物，乘以十年等等。這個生意所獲得的利益變得十分可觀，而且是生生不息。這將是為每一隻狗的壽命增加額外收入流的絕佳方法。另外，我已經為這個計畫想好了名稱——就稱為「人類的福友」。

他喜歡這個想法。但我知道他需要我再添一把柴火，所以便跟他說這個故事。最近，我一個亞特蘭大的朋友邀請我去見一家名為 KNOW Foods 公司的創始人。

他告訴我他們做了一系列麵包、義大利麵、鬆餅、還有他說好吃的餅乾，完全不含穀物、不含麩質、不含乳製品、不含雜七雜八的添加物。他告訴我他們正在籌集資金，以我的生活方式來說，這家公司很適合我投資。

我解釋說，我除了自己的項目之外，並不投資任何東西，但在聽了朋友的竭力推銷後，我同意只和他們見個面，並沒有附帶條件。在我**人生這個階段有一個非常簡單的公式，就是我想要低麻煩和高報酬。要是某件事的報酬超高，但麻煩很多的話，我就敬謝不敏。**這個原則適用於投資、朋友、旅行、一切事情。因此，我同意在這個潛在的投資不會帶來什麼麻煩的條件下碰面。他也同意了。

創始人史蒂夫．漢利拿著一個裝滿產品的麵包盒出現了。因為我兒子在吃無麩質食品，所以幾乎市面上所有的無麩質食品我都試過。當我在一片上面有一塊酪梨的切片麵包上咬了一口後，不想要有麻煩的想法全都消失了。我想要參一腳。

我對這個產品了解越多，就越喜歡它。它含有的成分非常少，所以比較容易消化。我知道裡面含有的所有食材，而且它的美味和營養優於我在市面上看到的任何產品。不過有一個潛在的問題，就是食品中不含防腐劑，而這會大大影響產品的保存期限，產品很快就會壞掉。

雖然每個人都認為這是一大不利因素，但我認為這其實是一大利多。

「上帝製造食物並不是為了放在塑膠袋裡，在貨架上放兩年。」我對史蒂夫說，「這個訊息反而會引起客戶的共鳴。」

第二次見面後，我對史蒂夫的團隊大為讚嘆，於是便把他的團隊都搬到了Spanx公司。他們使用二樓的空間，把廚房當作新產品的實驗室。經過一番努力，現在是決定是否投資的時候了。我讓史蒂夫和我的顧問團隊聯絡，我確定顧問團隊會喜歡這個機會。

我在能力所及的範圍內做的最好的事情，就是聘請專家。這些專家有些是一個小型投資委員會的成員，負責監督我和莎拉的所有交易。這是我以前的投資團隊……也就是我自己的一次重大升級！

「史蒂夫，把所有的資料傳給我的團隊評估。」我說。

一、兩天之後，我接到了我的投資顧問的電話。

「傑西，我對KNOW Foods的投資有一個建議。」他說。

「很好，你認為我們應該砸多少錢進去？」
「事實上是，一毛錢都不要砸。我認為你頭殼壞了才會把錢砸進去。」
「等等，你說什麼？」
「那個執行長完全沒有食品業的經驗，也沒有行銷背景。我的意思是說，他從來沒有做過這方面的事。他要怎麼開始所有的生產和銷售？」
他說得有道理，但我接著問他：「你見過史蒂夫本人嗎？」
「沒有。」
「你見過他眼中的火光嗎？」
「沒有。」
「你見過他對這個工作的熱情嗎？」
「沒有。」
「把錢匯給他。」
同樣，你就是這個商業計畫本身。如果我在二十多歲的時候告訴別人，我要在沒有錢、沒有航空經驗、沒有闊綽的朋友、沒有飛機的情況下創辦一家私人飛機公司，他們會把我笑得在房間裡待不下去。然而，只要你帶著動力、迫切感、熱情和強烈的願望去實現你的夢想——你就無所不能。

我用兩句話向克里斯多福修道士總結我的想法：「你們在改善狗狗生活的同時，還能獲得經常性收入。如果你找到真正可信任的營養品，還可以促進狗狗的健康，這是雙贏的。」

「我們就此事多多交流吧。」克里斯多福修道士說。

我和克里斯多福修道士談話時，感到精神振奮、生氣勃勃、充滿活力。我的言行好像是來自另一個地方，一個純粹的地方。這些是我在和別人談生意或想法時，在我自己身上尋找的訊號。我在史蒂夫·漢利的眼中清楚看到這些訊號，而在和克里斯多福修道士談話時，我心裡也同樣感受到這些訊號。這件事告訴我，無論我將來做什麼，都應該保持我的熱情。

18：00

星期天晚上是「自助餐」，這是另一種表示吃剩飯剩菜的方式。克里斯多福修道士做了義大利麵，並留了一張字條，上面寫著：隨意取用。我便取用了。晚飯後，我和修道士們一起看新聞。所有人都擠在修道士閱覽室裡的一台小電視機前。這是周日晚間新聞的最新報導。我主要是看修道士們看新聞。

和所有的惡霸一樣，比利憑空冒了出來。我開始努力鼓起勇氣，想宣布我要離開的打算。這種感覺有點像國中時邀請女孩子出去玩的亢奮感；我想邀她，但又鼓不起勇氣說——不敢大聲說出來

事實上，這可能更像是鼓起勇氣和女朋友分手。

但修道士們笑呵呵的，甚至開懷大笑，讓我覺得自己也是這個團體的一員。感覺真好。在看電視的時候，修道士們邀我明天和其中一些人去遠足。被算在團體內感覺很好，而且能離開修道院讓我感到興奮。但這打亂了我想讓他們知道我在考慮離開的盤算。在受邀去遠足後，我開不了口。不過，我還是打算盡早訂回亞特蘭大的機票。

第8天

走出修道院

「在這個時代，不去接觸周圍的非人類世界是很危險的事，耳朵會變得遲鈍，視野變得模糊。」——新精舍的修道士們

今天是健走日，我們要走出修道院。

走出修道院讓我擁有滿腔熱情和期待。我們馬上就要出門了。

我在餐廳裡，幾位修道士正在收拾背包。每個人都很興奮，用修道士的方式表現的話，就是微笑之類的，但你能感覺到那股能量。

「我們十分鐘後出發。」斯塔夫羅斯修道士說，「要準備好。」

「收到。」

他問我喜不喜歡健走。我告訴他華盛頓山的事情，以及爬華盛頓山有多麼的鼓舞人心。想必他看到了我眼中的興奮，因為他也變得興奮起來。他告訴我，他們每個星期一都去徒步旅行，以及有時候他們的攀登是多麼累人。這個人已經七十多歲

了，但有些年齡只有他一半的人卻認為光是走到冰箱都相當累人。想必他有什麼不可思議的修道士健走的力量。

這趟健走一定很有意思。

十五分鐘後……

我走到停車場，但是停車場裡只有一輛小車。斯塔夫羅斯修道士已經在那裡等著了，他讓我坐到後座，然後說實習生藍尼、馬爾谷修道士、多默修道士和多默修道士的狗很快就會到。

他在說笑的吧？這輛小車要坐五個大人和一隻大狗？

他不是在說笑，因為我一轉身便看見他們正走上坡來。我好像是唯一關心車裡空間太小的人。我們擠進車裡。馬爾谷修道士砰的一聲打開後車廂，大聲喊道「到車廂裡去」，然後他的狗便跳進去並躺了下來。馬爾谷修道士坐前座，藍尼坐在後座，也就是我的旁邊，然後多默修道士走過來從藍尼那一側上車，把藍尼逼到了中間。我們過去常說那個「機車男載男坐後座的人」（riding bitch）[7]長大了。但我很確定沒有人會認為這句話有什麼幽默之處，或與我一起為這句話樂上一樂。

藍尼以一種奇怪的瑜伽體位擠在我們中間。

這輛車比特尼的車還要糟糕，到處都是狗毛，車子地板上有舊地圖，椅座上處處有泥巴。車子看起來好像很多年沒洗了，因為它確實有很多年沒洗過。車裡有五個成年男子，所以氣味也不太好聞。隨便怎麼樣都沒關係，現在我們將出發要去健走！

斯塔夫羅斯修道士發動車子的方式就像是有人在大通灘五百賽車揮動了綠黃旗。出發！他飛快駛出車道，加速駛到第一個右轉處。也許修道士們有某種氣場，能避免在車禍中受傷？就我上次所看，我並沒有這種氣場。但說實話，我不在乎。我想離開修道院想得要命，想去看看真實的世界。

過去這七天裡，我只能走到移動房屋，然後便轉身。

就在這個時候，當我們飛快地經過活動房屋時，那裡的兩隻野狗發狂了。在往前走二十碼後，我們駛入主要道路，狗吠聲漸漸消失了。斯塔夫羅斯修道士並沒有減速。他從大通灘賽車轉為勒芒賽車，沿著山區的彎道而下。我是說得誇張，不過每次他轉彎的時候，實習生藍尼就會呈向下的蝴蝶圈餅姿勢撞向多默修道士或我。

但唯一重要的事是我們要去遠足。上帝絕不會讓一輛坐滿修道士和一個實習生、還有我的車子發生車禍的，對不對？等車子駛上直線道（有點像是鄉間路線）後，我開始專心看周圍的景物，想要享受這種感覺。這裡的一切對我來說都是一個地標，以備有那麼一天我能從這裡逃出去。

斯塔夫羅斯修道士繼續沿著狹窄的道路飛馳。我們經過一個有一家加油站、一所學校和一家連鎖藥局 Rite-Aid 的小鎮。這時多默修道士告訴我，我們要在回家的路上去那家藥局，因為藍尼要買滴耳液。滴耳劑？

「這個可憐的傢伙耳朵已經聾了差不多有一個星期。」他說。

等等，他一直都聽不見？

那個實習生是聾子？

7 譯注：另一意為乘坐汽車時，前排或後排中間的座位。

這就是他不對勁的原因？

他不是連環殺手？

他只是聽不見？

天哪！有那麼一會兒，我心裡很不好受，原來是我錯怪了他。但後來我想知道為什麼滴耳劑可以解決他的問題。這個人聽不見，而他們卻給他滴耳劑？怎麼不去看醫師？在我們出發前去一趟如何？這太扯了吧。

「再五分鐘就到了。」斯塔夫羅斯修道士在紅燈前說，「你準備好了嗎，傑西？」

「準備好了。」

我們終於到達目的地了。這個地方叫作貝坦基爾河（Battenkill River）。到達時，「嚮導」向我們打招呼。他的名字叫波，我聽說波每個星期都和修道士們一起健行。他想必有八十歲了吧，但看起來可能是會讓美劇《黃金女郎》中的角色人物心動的人。波取出了一個會讓「愛探險的朵拉」自嘆不如的背包，裡面有萬用的膠帶、淨水藥片、急救箱、指南針、照明彈。

我們這是要去哪裡，竟然還需要用到淨水藥片或是照明彈？乖乖隆地咚。

這趟行程想必有得瞧了，我心忖。

等大家聚集後，波拿出一張地圖，告訴我們今天要健行的地方。地圖攤開的時候，我的心裡七上八下，因為差不多要起步走了。最後他指著地圖上那條四公里長的柏油路。

「我們走到路的頂端之後，便在這裡吃飯，」他說，「然後往回走，回家。」

等等——瞎米？我們是要在一條柏油路上健走？我沒有大聲說出來，但在心中這麼想著。我們只是在一條路上來回走的話，他帶這麼一大堆安全物品做什麼？在柏油路上迷路是不可能會發生的事。接下來要做什麼，沿著自動手扶梯上行？

在一開始的驚訝之後，我克服了驚訝之情。我告訴自己要享受過程。

戶外相當暖和，所以我輕裝上陣。我以為上山時會流汗——我是說山丘。我從爬華盛頓山的經驗知道多層次穿法的重要性，但不認為今天有這個必要。我們開始往上走，我估計總共要花兩小時，但大約十分鐘後，我意識到以我們的速度，會在這裡待上五個小時。

在此同時，實習生藍尼有如參加賽跑似的出發了，彷彿是我心中只有華盛頓山惹惱了他，所以他要證明一下自己很行。我考慮拋下修道士們去追趕他，但又做不出這種事。

斯塔夫羅斯修道士和波響導走得速度超慢，所以我和多默修道士、馬爾谷修道士還有他的狗一起走。上行大約五分鐘後，馬爾谷停下腳步轉身對我說：「往前走一點，別回頭看……我得把這裡的雪弄成黃色。」

這讓我有一次和多默修道士單獨相處的機會。當然，自從和他一起訓練狗之後，我天天都見到他，但現在正是一個真正了解他的好機會。他三十三歲，是修道士中年紀最輕的。我很好奇他最想念的是什麼。他說是可以說「嘿，我今晚想吃中國菜」的自由。

我完全明白他的意思。我也很想念。有一件事我一直在糾結，那就是自由的觀念。我有自由，但我在這裡沒有選擇的自由。許多我在家裡可以使用的東西在這裡卻沒有：裝滿東西的冰箱、汽車、微波爐、自行車。雖然我有一點喜歡這種簡單的生活，但也非常想念我視為理所當然的家裡的舒適。現在我不能全天候享受這些事。

多默修道士和所有的修道士一樣，來的時候把所有的財產都捐給了修道院，現在唯一擁有的就是駕照。我在想，如果我是員警，因為超速把修道士攔在路邊的話，我會開罰單給他嗎？

多默修道士由於把他的車以及所有的一切都交給了修道院。現在，如果他想要一些東西，就會用零用金買，若要買比較貴的東西時，就交由委員會決定是否有必要購買和核准。所有修道士發的願之一就是「貧窮」，意思是不執著於任何事物，量力而為——聽起來和海豹差不多。海豹把極簡主義的生活方式發揮到極致。和他一起生活之後，我開始清理車庫和衣櫥，把物品減少到三十件。這是一種釋放。我沒有一天說：「哇，真希望有第二支自行車打氣筒！」藉由這個生活方式也讓我清理自己的思緒，釋出能量。我不需要花任何心思去想今天要穿什麼衣服，只要把掛在衣櫥裡的東西穿在身上就好。我認為修道士們擁有這種同樣的自由。之後我們繼續往上走。

提到發願，修道士們必須要發四大願：

#1 貧窮：對事物不執著，量力而為。

#2 貞潔：人們應該要更慎重看待性這檔事。我問斯塔夫羅斯修道士他是否覺得喪失了性生活。他說這不是喪失，因為是他自己選擇了這種生活。

#3 服從：你同意遵守團體的秩序。這關係到你對當下這一刻的尊重，對彼此的責任。有些群體設有院長（責任止於此），但新精舍已不再設院長。他們之前有一個院長就是克里斯多福修道士，他那時被票選為院長。不過，因每個人都可以表達自己的意見，所以就經由共識或依多數意見來行事即可。

#4 穩定：「你就待在一處」——這就是墓地會在修道院裡的原因。

「和大家相處都愉快嗎？」我問。

「我以後要和多默住在一起。」斯塔夫羅斯在我身後說。「我對他和其他人有責任，因為有這個責任在，我為什麼會不想和他和平相處呢？」

每周五晚上七點十五分，修道士們會在一起「交流」。每個人有五分鐘時間和其他人討論心中所想，以及當周發生的事情。如果你對某人不爽，這也是一個把事情說清楚的時間。五分鐘結束後，其他修道士也有機會做出回應。在我看來，這是一個很棒的制度。我想著回到家後，要把這一點告訴莎拉。我們兩人能有互相認同，因為作為一名企業家是孤獨的。一旦發生什麼事情，你就得去處理。但是這裡是一個團體。如果廁所堵塞了，他們會以八種方式分擔責任。

「有人退出過嗎？」我問，「說受不了這裡生活了。」

「有一位修道士離開了，娶了鎮上的一個女孩子。途中也有一些人離開，但這種情形很罕見。」他說。「成為修道士得花兩、三年時間。你先得是一個尋求指導的人，然後住在修道院，有六到十二個月的候選資格，再接受心理評估和推薦。然後候選人會以新手的身分進來，一旦他們被認可了，便會得到一個新的名字，然後便正式成為修道士的身分並完成發願的完整步驟。」

「那麼，頭髮呢？」

「剪頭髮可以追溯到羅馬時代。如果你是服務別人，便會剃光頭。如此一來，萬一你跑掉了，他們就會尋找那個沒頭髮的人。但現在則是為修道院生活服務的象徵。」

有道理。我們繼續朝山上走去。

「為什麼教堂的牆上沒有掛黑人的畫像？」

「有啊。」斯塔夫羅斯說，「埃及新精舍的黑摩西就是。現在有一種趨勢，就是不是百分之百準確的描繪人，而是使用描述的方式。這就是為什麼大多數人都一樣是橄欖色皮膚。」

這時，實習生藍尼已領先我們一．六公里。因為藍尼聽不見，我知道沒有辦法叫喚他，於是我和馬爾谷修道士、多默修道士先爬到山（山丘）頂，四處找他。我們在那裡等波和斯塔夫羅斯修道士。幾分鐘後，他們上來了。山丘頂端的路是平的，看起來像是一個可讓當地高中生偷喝幾瓶啤酒的好地方。

「藍尼呢？他這樣是違規的。」波說，「健走的人不能一個人在這裡走，這樣很不安全。」

他從上衣裡掏出一聲口哨，吹了起來，然後開始大喊：「藍—尼。」

「波，藍尼耳朵聾了。」我說。

我告訴大家，我會獨自展開搜尋和救援藍尼的任務。我離開大型道路，沿著陡峭的雪山下行大約一．六公里，終於在我前方四百公尺處看到了藍尼。我快步走過去，大約五分鐘就趕上了他。

「喂，」我說，「我們必須團體行動。」

藍尼只是看著我，於是我便用手指指向上方。走吧。

等所有人都回來之後，我們很快的吃午餐。能離開修道院真好。吃完飯後，我們便往回走。下山的路上交談少了很多，但很舒服。我們都喜歡大自然。到達山下時，我提出坐波的車回去。我喜歡和他在一起，因為生存機會更大。但是，除了年紀大行事謹慎之外，波好像是在英國開車——在逆向行駛。

坐斯塔夫羅斯修道士的車可能還安全一點。

我們在 Rite-Aid 幫藍尼買了滴耳劑。我不得不說，我從來沒有意識到逛 Rite-Aid 這麼有意思，感覺像是走在威利．旺卡巧克力工廠的查理。這是我幾個月來看到的第一個文明產物。好啦，是幾天，但感覺好像已經好幾個月了。在 Rite- Aid

裡有真的人，他們走來走去，是在過日子的人。有報紙、糖果、優質肥皂，產品……我不知道該如何是好。一切都是那麼美好。

「他們有阿斯匹靈。」我自言自語，「還有OK繃！」

我看見一個年長的婦人在看我。她大概以為我有病吧，因為她和我們保持著安全距離。我才不在乎，抓起Method液體肥皂對她說：「我喜歡這個肥皂！」

這時，她躲進了另一條過道。我不想離開這裡啊。我買了一份報紙和巧克力。說真的，感覺像第一次去迪士尼世界，我不在乎排隊排得有多長。我可以在那裡待上好幾個小時。

我想這是一個很好的例子，說明我們總是把一切視為理所當然。說真的，我從沒想過我會因為去一家Rite-Aid而滿心感謝。通常我會盡量避免去那裡，因為這類連鎖藥店老是訓練他們的員工做事慢吞吞的，讓顧客等在那裡。但是今天我很開心，之後我想要再去。

坐車回修道院的路上，我抓著我的塑膠袋，就像一個九歲的孩童緊緊抓著他的萬聖節糖果那樣。這是我的，通通都是我的，我不想放手。我很感謝有肥皂。怎麼以前每次離開藥妝店的時候，都沒有這種感覺呢？

20：00

診斷結果出來了，藍尼終於聽得見了！後來因為滴耳劑沒有起作用，於是修道士們帶藍尼去一家診所看診。斯塔夫羅斯修道士告訴我，他們從藍尼的耳朵裡掏出了差不多有一加侖的耳屎。你說你怎麼有辦法讓一加侖的耳屎堆在耳朵裡？難道他沒聽說過有棉花棒這個東西嗎？或是有毛巾？藍尼回來後，我在閱覽室看到他，和他進行了第一次真正的交談。

「藍尼，你在哪兒唸的書？」

「拉斯維加斯的內華達大學。」

「很棒啊。你唸的是什麼？」

「書。」

「呃，你覺得這裡和印第安保留區相比如何？」

「不好說。」

和馬爾谷修道士、多默修道士、實習生藍尼、以及一隻我最喜歡的狗一起健行！

「好吧。那麼，接下來你有什麼計畫？」

「還沒有決定。」

「你會在這裡待很久嗎？」

「還沒有決定。」

藍尼說話的時候嘴唇動也不動。他有可能是在學腹語嗎？

「你在這裡開心嗎？」

「這是一個弔詭的問題嗎？歡喜是短暫的，」他說，「或者我該說，快樂是短暫的。」

「蛤？」

沉默……

談話不順利。

「也許我該這麼問，」我說，「你在找尋的是什麼，藍尼？」他頭一次停下來看著我的頭，用他黑色的眼睛凝視我，但是不發一語。「宗教？方向？」我問，想要幫他一把。「還是你並不確定，知道的時候就知道了。」

「你說的都是我在找尋的。」

然後他就回到他的電腦上，假裝我不在那裡。

我覺得我比較喜歡藍尼聽不見的時候。

還是我有根深蒂固的期盼，想要藍尼喜歡我？

這是我生命中的一個主軸：想要別人喜歡我。這是缺乏安全感還是一種資產？

我想家，但是卡恩讓我開心起來

第9天

待到有所突破，或是崩潰為止

「限制思想和行為受到質疑時，突破就會出現。」

——法比恩・弗雷德里克森（Fabienne Fredrickson）

今早醒來後覺得全身懶洋洋的。並非是不安的感覺，倒比較像是焦躁。或許是和我的期望有關吧。期望是很微妙的東西，常常會導致失望。不知道為什麼，我沒有去看日出的動力。躺在床上盯著天花板時，一直在想我老婆莎拉。我離家之前，她好像說了什麼深奧的話，但我現在也不太確定就是了。

去修道院前兩天的晚上，我和莎拉一起出去吃飯，我們聊著我在修道院可能會做一些不一樣的事情，對未知的事物充滿了興奮和期待。我們都不知道和修道士一起生活會是什麼樣子。

我問莎拉我應該在修道院待多久。

「待到你有所突破，或者是崩潰為止。」她說。

這個建議聽起來很好，我認為她是這方面的專家。她告訴我，她記得第一次自己處於突破或是崩潰的邊緣時，她才十五歲，目睹朋友被車子撞死。當時她的朋友就在佛羅里達州的一座橋上騎自行車，然後這一幕就活生生在她眼前發生。對她來說，這明顯是一次痛苦的經歷。當時她壓根不會想到這有可能是一次突破。大約在同一時期，她的父母離婚了。她差一點徹底崩潰。但她的父親離開家時，遞給她一系列韋恩．戴爾的勵志錄音帶，這便是她的突破。莎拉天天聽這些錄音帶，幫助她克服發生在她朋友身上的悲劇，以及她父母離異帶給她的難過。

莎拉一遍又一遍地聽著這些勵志卡帶，百聽不厭，以至於高中同學都開始拒搭她的車，因為他們已經聽得受不了。她把自己的成功歸功於韋恩．戴爾的錄音帶和她內心的努力。**突破和崩潰之間的差距是如此之小，以至於有時根本看不到。**

我現在的處境和莎拉的經歷完全無法相提並論。莎拉面對的才是真正的麻煩事。當我換個角度去思考，就好過了一點。但這只維持了五分鐘，腦子裡又亂了套之前。**看事情的角度是個如此美好的事物，關鍵就在握住它之後永遠不要放手。**我對視角的掌握不夠精準。

我不確定我比較接近突破還是崩潰，感覺兩者皆非。

＊

下午在這條路上來回走了六．五公里。我每天能堅持走大約十六公里，通常是在早餐後和做雜務之間走五公里，其餘的里程排在「dinner」後。雖然手機沒有訊號，但仍有可以精確計算我行走的里程數的功能，所以我走路的時候一直帶著它。

我走在這條路的最右邊，因為昨晚有些雪融化了，所以小路很泥濘。我正像平常一樣走路，突然聽到手機「叮」的一聲，並且感覺到震動。我看手機，發現手機裡有兩條簡訊。我有一格訊號。一格……

我從站著的地方走開，那一格便不見了。

哇……

在這片方圓五百英畝的土地上，竟然被我發現有個地方可以打行動電話！

我馬上回到那裡，那一格又出現了。我開始給老婆發簡訊。

我：我愛你。我想念你，想念孩子們。別忘了孩子們今天踢足球。

我一按傳送鍵，就看到三個小泡泡在形成，表示莎拉在回我簡訊。我太興奮了。感覺真的就像是影集《夢幻島》裡的教授在吉利根島上修好了晶體管收音機。我迫不及待想要看到她回的簡訊。

莎拉：親愛的，今天是星期二。不是星期天。你還好吧？

我：不對，今天是星期天。你沒事吧？

莎拉：嗯……我沒事，但我在看日曆。你確定你真的沒事？

真的嗎？今天是星期二？！我開始掰手指頭數，莎拉說的是對的。我身在這個被時間遺忘的土地上，時間只存在於時鐘和日曆上，在修道院並沒有存在的價值。

我：上星期天的足球怎麼樣？
莎拉：奇怪你怎麼會問。我其實把星期天想成是星期六了。
我：哈哈。所以不用踢足球？
莎拉：不好意思，不用踢足球。你在那裡都做了些什麼？
我：洗盤子、擦地板、訓練狗。
莎拉：什麼？那你覺得怎麼樣？
我：修道士們都很好，修女也是。我還認識一個靈修實習生，我本以為他想殺了我，結果是他耳朵裡有一加侖的耳屎。
莎拉：修女？
我：很棒的修女。
莎拉：還有其他類型的嗎？跟我說說，你的衣服帶得夠不夠？
我：帶太多了。我每天都穿一樣的衣服。
莎拉：什麼？這我倒不覺得奇怪。
我：我甚至到現在還沒有洗過澡。孩子們怎麼樣？

莎拉：他們非常想你，大家也都很好。你這個周末要不要和我、拉澤一起去洛杉磯？我要帶他去迪士尼。我覺得你在那裡待的夠久了，老公。

我：迪士尼？不可思議。我當然想去，但是我不知道。

莎拉：我們想你了，可是我們想要你做你心裡想做的事。

我：我看看吧。說不定我明天就回家了。

莎拉：好啊老公，跟我們說一聲就好了。

我：愛你。

莎拉：我也愛你……

這時我看到螢幕上有泡泡。她還在打字。

莎拉：如果你要回家的話，請先洗個澡;)

所以今天是**星期二**……我根本沒有更靠近突破一點，但和莎拉傳簡訊的感覺真好。她讓我的臉上出現了笑容。我有一些朋友經常旅行，他們告訴我旅行讓他們的婚姻更牢固，因為當他們離開彼此一段時間後，更能真正珍惜彼此在一起的時間。

我覺得這個說法是對的，真希望現在我就在家。我實在是太想念他們了。

於是，我聽從了莎拉的建議，準備第一次洗澡！在此之前我並不覺得有洗澡的必要，反正第二天又會弄得髒兮兮的。但是泥巴緊黏著我，我真是髒得可以。淋浴的空間非常小，而且浴室裡的蓮蓬頭是按照八歲小孩身高安裝的。我覺得自己就像那些能裝進行李箱的瑜伽大師。浴室裡有一把舊塑膠椅，於是便坐在椅子上降低高度，好讓水能落在我身上。哇，感覺還真是不錯！但我還是放鬆不了。我得了思鄉病，我想我的老婆和孩子們。

我準備走了。但這是那個惡霸說的，還是事實？

我明天要回家了。

我的浴室

第10天

想放棄的時候，想想明天會有什麼感覺

「第一大陷阱是讓社會來定義什麼是快樂。」——斯塔夫羅斯修道士

我早上六點起床。今天是在這裡的最後一天，所以我想把事情做好。我已經養成了早起出門的習慣。一出門，氣息在寒冷的空氣中製造出一大圈一大圈的霧氣，但寒冷對我而言並不是問題。再也沒有任何事情比看冉冉升起的太陽更令人神往的了。我站在那裡，把這一切都記在心裡，知道明天就會在自己的床上醒來。我比平時多待了一點時間，彷彿希望太陽能重新升起一次，但在內心深處，我知道日出的演出已經落幕。

回來之後，我去找克里斯多福修道士，想請他幫叫我車，但又沒有很認真的找，因為我也想去散最後一次步。天氣開始變得有點暖和，於是我便出發了。我往山上走，這時格利貴修道士開車疾馳拐彎，快速朝我駛過來。我跳到一旁，兩人眼光對視一下，然後他朝我豎起大拇指，接著很快就不見了。

我站在雪堆裡。

思索……

感覺……

知道……

然後突然想起……

記住明天……

我腦海裡叫囂的聲音比藍尼還大聲，一遍又一遍地重複著同樣的話：**記住明天，記住明天，記住明天。**這是我仰賴的咒語之一，是我打敗腦子裡那個惡霸的方式。在那一刻，我知道自己必須了解，如果太早拉開傘索，打道回府的話，明天會有什麼感覺。瞬間一切為之改觀。

當你要做一個關鍵決定時，記住這個決定會讓你明天有什麼感覺，後天會有什麼感覺，以後的日子會有什麼感覺。你想在馬拉松賽跑到第二十九公里時退賽嗎？好吧，不過……記住，明天當你獨自一人在想這件事時會是什麼感覺。你想在節日派對上喝得酩酊大醉，在桌子上跳舞嗎？很棒，但是……記住明天當你走進辦公室時會有的感受。

我就站在路旁對自己說，如果你太快放棄，記住明天會有什麼感覺。當我和朋友們攀登華盛頓山的時候，我們有很多時候都想回頭，就此結束。當時我們又累又冷又餓。在持續往上爬時，友人尼克說：「這還不算是真正的健行。我們必須繼續往前走。」

他的意思是我們還要再加把勁才行。我們面對自己的付出必須問心無愧。沒錯，我們人是在山上，但我們並沒有竭盡全力。只有超越真心認為必須停下來的那個點時，才是真正的徒步旅行。不論有沒有完成，都必須坦誠面對。

我在修道院還可以付出更多的努力；目前還算不上「真正」地使盡全力。

我立刻感到精神煥發，心裡明白要待更長時間，才能真正地推動自己。在沒有回頭路的地方對自己做出這樣的承諾，讓我感覺強大起來，並給自己第二次機會。這次我要傾盡全力。

走回房間時，我想到可以拜讀《與成功有約》（*The 7 Habits of Highly Effective People*）這本書，和聽美式足球教練文斯・隆巴迪（Vince Lombardi）的一百一十五句名言佳句。你可以《喚醒內在的巨人》（*Awaken the Giant Within*），去聽十場東尼．羅賓斯的演講。然而，要想真正變得更好，唯一的辦法就是闔上書本，關掉網路，走到外面的世界，然後堅持到底。

當你想要放棄的時候，或覺得不舒服的時候，**記住明天會有什麼感覺**。

我們花了太多的時間逃避痛苦。人人都渴望順遂，我也是一樣。然而，**當你走出舒適圈，打開你的備用油箱時，才會有真正的成長**。這時你會看到自己的本質，而通常就是最讓你感覺有活力之處，並且也是記住明天的另一個美妙之處——當你認真確實地度過今天，明天就會更好。

現在面臨到的是，從實踐中學習比線上學習或從書本中學習要難得多。當你沉下心來認真做某件事時，就像之前我和海豹，以及現在和修道士們所做的，有時你會想乾脆打包回家算了。完成一個新的經歷需要堅強的意志和毅力，但是這個經歷也需要真誠投入。而且這是由你來決定的。我是唯一能夠說我在修道院的生活體驗是否真誠實在的人。

我心知肚明自己並不真誠，還算不上，但之後會的……

我聽說勇氣是未來成功最好的指標。這已成為我對適應力的終極考驗。這和我一生中遇到的其他挑戰不一樣。奇怪的是，我喜歡肉體上的疼痛、抽筋，以及有一點血從小腿上滴下來，因為這提醒我還活著。當然，我在某張掛在牆上的照片中看起來狼狽不堪、滿頭大汗，那是在一場耐力賽跑中瀕臨崩潰的模樣，但我真的很喜歡那種感覺。

我告訴你我不喜歡的就是離開家人，放慢腳步，整天獨自思考和省思，做家事，不能享受生活中的舒適。所以對我來說，留在這裡需要一些勇氣。最省事的作法就是回家；告訴自己，我已經堅持了幾天，然後打包走人。這就是我的內在敵人過去十天裡一直在高歌的，而且還有一整個合唱團在聲援他。

我報名要住十五天，所以需要做的就是住滿十五天。

要是做不到，就是沒有鍛鍊好我的意志力。而這也等同於半途而廢沒有關係。有一次我問海豹，他有沒有因為太累而放棄過什麼事情。「我不會因為累而放棄，」他說。「我停下來是因為我做完了。」

後悔和身體的疼痛一樣痛苦，有時持續的時間甚至會更久。如果我縮短住修道院的時間，我知道我離開以後會後悔很久。人們很容易陷入當下的時刻和情緒中，但這只是短期的思考。當你把時間快轉，預見你以後對這個決定的感覺時，你通常會很清楚，並能與「放棄的惡魔」抗衡。

數年前我在曼哈頓附近參加一場四十八公里的立式划槳賽。比賽從切爾西碼頭出發，經過哥倫比亞大學，然後經過東河，最後到達布魯克林。海流變化莫測，充滿了殘酷的挑戰。有時候你可能拚了老命划水，前進不到十公尺，卻在停下來休息時，被往後推了十二公尺。

我到場的時候，便知道麻煩大了。那些參賽選手看上去就像服用類固醇的夏威夷衝浪者傑夫・斯派索利，有著超強的水上耐力。他們在甲板墊上安裝了水袋系統，用膠帶把Goos和能量棒黏在衝浪板上，並在氣動立槳上安裝精密的導航裝置。而我除了賽前一星期才在網路上買的衝浪板外，啥都沒有；大約在同一時間，我生出參賽的想法。

到達出發區後，我立刻注意到我的衝浪板比其他所有的衝浪板都來得短，而且還重得多，**絕對不符合空氣動力學。該死……**

為了使板子輕一點，我決定把有的補給品（水、食物、防曬乳還有救生衣）都放在友人邁克和羅伯．楊租來的獨木舟上。我想讓他們帶著那些東西會比較好，用不著放在背包裡背上十個小時。

「靠我近一點，」我告訴他們，「你們就是我的後援團。」

比賽一開始，一百名划槳者就開始席捲哈德遜河。我被風吹著划了四十八公里，水流超強。天氣很熱，大概有到攝氏三十八度吧。我的衝浪板是為比我矮的人設計的，是為遊弋在休閒湖上的人設計的。我完了。

在波濤起伏的大海裡划了四百公尺後，我轉身一看，我的後援團楊氏兄弟檔不見了。當下我便明白自己必須獨力完成整個比賽。我想退賽，但沒有這樣做，因為我的座右銘是：記住明天的感覺。一旦退賽，我知道自己第二天，甚至一個月後都會討厭這種感覺。於是我不得不在沒有水、食物、防曬乳的情況下划槳四十八公里。我把比賽分成許多較小的片段和目標，然後開始一點一點的循序漸進達成。我不斷對自己說，只要一點一點前進就好。九個小時後，我完賽了！

放棄有沒有可能會是正確的決定？當然有，然而，若只是**因為放棄比較容易，**

就絕對不是正確的決定。放棄只需要一分鐘，但明天這一刻會在你的腦海中重演，後天也會，還有大後天。

意志力是一種藝術，就像任何一種藝術一樣，它也需要練習。這是一塊需要持續鍛鍊的肌肉。靜思、祈禱、靜心、體力勞動、活在當下對我來說都是難事，但我知道挑戰會帶來巨大的回報。要是今天放棄了，明天的我感覺就會很糟糕。

*

之後，那天完賽的感覺就不可同日而語——感覺好多了。

我和馬爾谷修道士在一起很久。我的計畫是每天輪流和一位不同的修道士做早上的雜務，這樣便可以比較深入了解每一位修道士，並了解他們是如何讓修道院得以維持穩定的發展。我已經在狗訓練中心和多默修道士共事過、晚上也和他一起照顧過狗、與斯塔夫羅斯修道士一起打掃教堂、和馬爾谷修道士一起洗碗、與格利貴修道士做客房的準備工作、而且明天會和安布羅斯修道士一起煙燻乳酪。我也會和其他修道士一起待在繁育中心。

馬爾谷修道士人真的很好，感覺就像和一個老朋友在一起。他主持祈禱儀式，並負責廚房事務。當廚子喬希進來做飯的時候，馬爾谷修道士也經常代表所有人做飯和打掃。他看起來就像豪華鄉村俱樂部裡的一個四十歲職業網球運動員，有一雙炯炯有神的藍眼睛，體格健壯，個性非常親切友好。原來，馬爾谷修道士是個很注重養生的人，所以我們一見面就很投緣。他對我在過去二十七年來每天中午前只吃水果這件事很感興趣。

「這樣不會攝取太多糖分嗎？」他問。

我解釋說，水果中的糖分是最容易被誤解的一個概念，因為與飲食有關。我們花了幾個小時討論哈威．戴蒙的書《適合生活》。只要正確食用，水果是完美的食物，這個意思就是空腹吃，不吃其他食物。

「在消化過程中消耗的能量越少，可用於其他方面的能量就越多。」我解釋。

「那我得來試試。」他說。

和馬爾谷修道士聊過之後，斯塔夫羅斯修道士叫我跟著他上樓去圖書館。過去五十年來，修道士們累積了成千上萬的書籍，並整合了一個記錄和管理所有書籍的複雜系統。事實上，他們管理藏書的系統和國會圖書館相同。我們走過一排排的書時，看到這些書的分類和收藏，真是令人目眩神馳。宗教書籍、商業書籍、飲食書籍、旅遊書籍……應有盡有。

真是美好的一天。諷刺的是，我的突破來自於我一直都知道的東西……就是我的努力必須是真實不虛的。現在感覺好像有了第二春，但我不會衝刺到終點，因為這不太像修道士的作法。我將專注於當下，思考我的呼吸，大步走向終點。

*

你想知道修道士們多麼有直覺力嗎？早上我吃早餐的時候，大家正在討論決定成為一名修道士的過程。一位修道士轉頭對我說：「簡單得很，就是決定你想要它，多於你害怕它。」

第11天
與修女們共進午餐

「神的呼召不是要我功成名就，而是要我堅信不移。」——德蕾莎修女

這天我再次觀看日出。但這一次，簡直像是有人打開了造雪機，雪花從四面八方飄落。我連忙退回房間，想要為我的大日子做準備。我受邀和修女們共進午餐——我從未想到這句話會從我口中說出。我進屋後就抖掉身上的雪。

我想寫下一些東西，於是在背包裡找筆，但不知怎麼筆不見了。在包包裡翻找的時候，發現了一張紙。我倒是忘了我把這張紙帶來了，上面是我離家前抄寫的一段達賴喇嘛的晨間文章。我本來打算每天早上第一件事就是背誦它：

「每天醒來後思考：『今天我很幸運能夠醒來，我還活著，可以享受這寶貴的人生，所以不能浪費它。我要盡最大的能力來提升自我，用真心對待人，讓每一個人都獲得有益的啟迪。我要和藹對待人，不對人發怒或者埋怨。我要盡己所能裨益他人。』」

早餐時，因為暴風雪的關係，斯塔夫羅斯修道士說要開車送我去修女的住所。基於他的駕駛技術，本來想說沒關係，我自己走過去就好。可是等我往窗外看過去，便決定還是碰碰運氣坐他的車吧，因為雪下得有夠猛的。他告訴我會在午餐前十分鐘到我的房間來接我。他走進來時，身上穿著一件厚厚的外套，看上去像是登山家艾德蒙・希拉瑞爵士送給他的，想必有九十多公斤重吧，而我只穿著一件輕便的滑雪服。他看到我時，問我的外套是不是「月亮夾克」（moon jacket）。他對衣服的製造技術很著迷，無法相信人類竟然能把夾克做得這麼輕而且還能保暖。

「是特別向NASA訂購的嗎？」

「不是的，這是我剛從REI買回來的。」

「什麼REI？」

「哦，不好意思，那是一家戶外服裝和裝備的專賣店。」

「你那件外套能保暖嗎？」

「能啊，這是羽絨服。」

「神奇……太神奇了……這些進步的技術。」

我心忖，我可以用手機拍張照片，然後發簡訊給某個在中國的人，對方會在〇．〇一秒內收到這張照片……而他卻為能讓我保暖的輕便夾克驚嘆。這些人確實是跟不上時代啊。

往停車場走時，暴風雪打在我的臉上。他打開車門，我迅速跳上一輛老速霸陸車。這不是我們去健走時坐的那輛車，但感覺相同，就只是一輛車，非常簡單，就是一個車底結構加一具馬達——如此而已。我認為他們沒有在經銷商那裡選擇任何車子的升級配備。**完全沒有！**這坐起來像是在坐碰碰車。

斯塔夫羅斯修道士叫我鎖門——用手。

前座位是調整成可讓一個身高一百六十公分的修道士坐的，所以座位在製造商允許的範圍內盡可能的接近擋風玻璃。要麼是這個原因，要麼就是哪個修道士沒規矩，把座椅往儀錶板的方向推了，以便讓像NBA明星球員德懷特．霍華德那樣的大塊頭在後座能有伸腿的空間，例如是兩百一十公分的腿部空間。我懷疑夏洛特黃蜂隊的中鋒會坐這輛車，然而我認為這個座位現在擺放的方式就是如此。不論如何，我的前額碰到了擋風玻璃。

不過，修道士們一直宣揚要感恩，所以我也很感恩有車可坐。

我的膝蓋頂在胸部，迫使我的蛋蛋往肚子裡塞。這個滋味可不好受。我的右手往後伸，試圖讓椅背向後仰，讓自己鬆一口氣。正巧這時斯塔夫羅斯上車，說：「哦，椅背的控制桿已經卡住好幾年了。」

就在那一刻，我突然想到了。這裡有一本兒童讀物《外套和汽車》。斯塔夫羅斯被我的外套和現代的成衣技術所吸引，而我則被他那輛簡單的汽車迷住了。我不禁想知道：是這些人錯過了某些東西而置身於如此落後的時代，或者從知識的角度來看，他們沒有跟上時代其實反而是一直領先的？我敢說，如果我在這裡住下去，每天都會從斯塔夫羅斯身上學到新的東西。

*

去修女之家的路上，我一直緊貼著擋風玻璃。我想表現出最好的一面，因為和修女們共進午餐讓人皮皮剉。修女們不可怕，但冒犯修女的可能性似乎無限。莎拉有一次想讓我去上禮儀課，因為我的餐桌禮儀太差。我不覺得自己失禮或粗鄙，我只是認為吃飯就像在加油站一樣，把無鉛汽油加滿就好。但是接近修女院時，我真的希望自己上過餐桌禮儀課。

我不擔心自己會搞砸午餐；我們姑且稱之為意識到潛在的危險和安心的謹慎好了。在這裡的短暫停留改變了我對吃飯時間的看法。我注意到在修道院裡有多麼特別，我們每天都準時吃飯。這是要做出犧牲的，因為吃飯和大家在一起的時間優先於我們正在做的其他事情——沒有任何藉口能夠不到場。這件事永遠不會被往後延。吃飯時間是固定的，而且是強制出席的。所有這一切都很重要。有人說，家庭聚餐是你能為持久的婚姻所做的最好的事情之一。

我在心中記下，等回家以後，一家人要多在一起吃飯。另外還有祈禱；修道士們說恩典就是一種感恩的方式。每天小小的「謝謝」，其力量是很強大的。我想在家裡實踐這個作法。我二十多歲時，每天親手寫十封信感謝別人，然後把這些信寄出去。我從這些信件中，獲得了許多美好的東西，但最重要的是，我能感受到感激之情。這種感激每天都在不斷地增加。

反過來說，我們在修道院吃飯之前的時間會更有效果，因為我們知道在某個時刻應該要完成什麼事。因此，我學會更加珍惜用餐的時間，並盡可能從中得到好處。用餐時間對於修道士們來說很重要，或許你會以為和同樣的人在一起吃飯五十年會有點無聊，但對他們來說卻不然，因為這是一天當中大家能夠聚在一起、活在當下、享受的時刻。

我在修女之家門前下車，感覺自己好像是個中學生，爸爸開車送我去電影院一樣。斯塔夫羅斯修道士駕車離開車道，擺尾轉上積雪覆蓋的道路上，我揮手相送。

我轉過身看了看修女之家的房子。這是修女們於一九七一年建造的。聽說她們在鎮上上了一門木工課，學習如何使用帶鋸機和搭建房子等等。我在書上讀過，**實現目標的第一件事，就是選擇一個你非常渴望的目標。**我非常尊敬修女們，因為她們主動完成了自己的工作。這棟房子散發出無盡的熱情。

則濟利亞修女帶著她的狗在門口迎接我。我按照所學，把手放低並以指關節面對狗的嘴。那隻狗嗅了嗅我的手，然後又嗅了嗅我的屁股。很顯然，牠認同了我，因為牠躺下來讓我撓牠的肚子，於是我從善如流。

則濟利亞修女帶我參觀了房子和麵包店。這裡有如一間很好的民宿——溫馨誘人。地上鋪著地毯，而且環境超乾淨的。房子連接到一個設備齊全而且在運作中的麵包房，看起來就像是美國任何一個城鎮都能看到的麵包房。

當我問她是哪裡人時，她說：「我是胡希爾人[1]。」

則濟利亞修女是位有個性的修女。

有兩位就讀耶魯神學院的小美眉和我們共進午餐。她們將在修女之家住幾天，早上做日課時我便看見她們，其中一個說她來自俄勒岡州。「哦，你是一隻鴨子（duck）[2]？」我說。

則濟利亞修女頓了一頓，看著我，活像我犯了什麼罪似的。

我猜想她大概只知道十大聯盟吧。

午餐開動之前，在餐廳裡那兩個小美眉站在我對面，我們在等午餐。我猜她們

1　譯注：即印第安納州人。
2　譯注：俄勒岡大學學生統稱鴨子。

是見習修女，或者是未來的修女，我不知道該怎麼稱呼她們。但其中一個好像氣鼓鼓的；另一個則是甜美的天使。我想那個甜美的美眉名叫黛比。正好我們有單獨在一起的機會，所以我便試著和她們閒聊。我想她們肯定會比藍尼友善一點。

不過，我還是小心為上。我已經有一個多星期沒見到老婆，並且與一群四十到七十歲的男人全天候的與世隔絕。我覺得這兩個小美眉好像也沒接觸過男人，所以我想明確表明我的意圖，或者應該說是沒有企圖。我不想讓人誤會我想要搞曖昧。

「嘿，我是傑西，已婚，」我說著從桌上拿起一杯水，「還有四個孩子。你們今天過得怎麼樣？還好嗎？」

「嗨，已婚的傑西。」那位友善的見習修女說。

「你為什麼會來這裡？」那位氣鼓鼓的見習修女插嘴說。

「我是你們所謂的訪客，只是來參訪的。」

然後黛比便開始機關槍式提問，彷彿她之前發願靜默，而我則是她第一個可以交談的人。我完全跟不上她的問話速度。

你找到上帝了嗎？我也很好奇，有哪些作家啟發了你？用這種方式可以了解很多人。從微觀層面來說，你已經把你的生命交給主了嗎？你在這裡多久了，學到了什麼？

「我學到了很多。」我說，努力想趕上她問話的速度。「我每天都在學習。」

「比如說？」

我感覺自己像是在美國小姐選美比賽的舞臺上。這是我最後一道機智問答題，看看我是否有機會贏得后冠。這兩個小美眉看著我的樣子讓我覺得我的回答會被作為評判標準。而我需要好的評判。

「『當下』這個字眼很諷刺。」

她們看起來一臉困惑。我必須避免像南卡羅來納州小姐那樣說沒人聽得懂的回答……

「當你在做一件事情時，只專注在這件事上不作他想，這就像是收到一件禮物一樣。那麼，我們所做每件事都會得到快樂。而活在當下便是其中不可或缺的一部分。有時這做起來很困難，因為我們的心神喜歡胡思亂想。但只要我大聲說出自己在做什麼，總能讓自己回到原處——活在當下。就像有一天我在洗碗時，腦子裡不斷出現像是跑馬燈的影像。這時我只是說：『我在洗碗』，便立馬回到了我必須做的事情上——洗碗。」

「我不太確定有沒有聽懂你的意思，你可以解釋一下嗎？」

「我們都曾有過這樣的時刻：人在這裡，但心卻不在。當兒子在籃球比賽時，我因為查看臉書而錯過了一球。我們生活在一個可以即時觀察世界各地事情的世界，卻不能專注在當下。」

「我懂了。你還學到了什麼？」愉快美眉問道。

「快樂沒有止境，而我總是還能更好。」

「你能一整天都感覺得到宗教嗎？還有上帝嗎？」

「事實上，」我說，「在這裡只有兩件事能做，就是祈禱和勞動。宗教和靈修是其中的重要部分，然而祈禱只在早晚進行。在這兩次日課之間就只有勞動，所以一天只有早晚日課時會得到兩次宗教元素。嚴格來說是如此，不過宗教確實是存在於我們的四周。」

「修道士們工作的時候，是否覺得上帝在引導他們？」

「我不知道。」我說，「你去問他們。但我不這麼認為。我想他們只是在工作。」

「但他們是在做上帝的工作。」

「不對，」我說，「他們是在出售小狗以支付電費。開玩笑的啦……唔，在某種程度上是沒錯。我認為他們經常與上帝溝通，尋找神的旨意，但我注意到一件事，就是他們對自己做的每一件工作都抱有極大的熱情，真的是每一件事。我認為這是因為修道院是他們的地方，他們在割的是自己的草。另一件事是沒有人推卸對這個群體的責任。大家都會來吃午餐，每個人都來開會，每個人都來祈禱。」

「這個經歷和你想像的一樣嗎？」

「有趣的是，不一樣。」我說。「我以前對大多數修道院的靈修傳統所抱持的想法都不對，差得遠了。我的期望太離譜了。在這裡和我一系列的登頂經驗不同，在山頂我可以不受日常生活的羈絆，自由探索我的靈性。在這裡卻是要刻苦——每個人都要在一系列乏味的工作中做出貢獻。但是有規律性的，修道士們認為規律性是神聖的，而且確實沒有什麼偏離的餘地。這對我個人的轉變是一個很好的催化劑。**我明白了靈修的時間並不一定要被劃分出來；我在做平凡瑣碎的工作時，也可**

以探索靈修的生活。靈修的攝影機隨時都在錄影。我在這裡最大的領悟是在我擦洗教堂地板的時候得到的。」

「是什麼？」

「每一件工作都很重要。每一刻都有它的目的。」

「那麼，你在找尋的是什麼？」

「我在找尋的不如我在體驗的多。我們就等著看看我會得到什麼吧。我一直在獲得寶貴的經驗。例如，修道士們知道必須和彼此同住，所以想要和平相處。這是多麼棒的事？他們每周都分配了時間互相交流，解決問題。聽起來很簡單，但需要付出努力。我回家以後要和老婆一起研究這個作法。這意味著更多的平靜。那不是很好嗎？」

「我不要平靜。」氣鼓鼓的見習修女終於插嘴了。

「平靜的相反就是混亂，」我說，「你想要混亂嗎？」

「不要，我要的是真理。」她說著，一拳捶在桌上。

黛比輕聲笑了笑。她看起來真的很可愛。

「那你呢？」我問，「你在找尋的是什麼？」

「我一直在尋找一個目的。我在找尋一個跡象。我也不知道，因為我一直在等待。我非常專注的在尋找，但還沒有找到。」黛比說。

「也許你在尋找一個東西時，反而錯過了的其他的一切。」我說。「我已經領悟到直接去經歷、體驗，而不是期待和找尋，有時會更好。」

就在這時，三位正牌修女走進餐廳。

大家都坐下來吃午飯。我環顧了一下房間，突然意識到我正在和三位修女、兩名見習修女、還有三隻德國牧羊犬一起吃午飯。我以前與修女僅有的互動就是《飛天修女》（*The Flying Nun*）裡那個叫作莎莉什麼的，那是我小時候生病或裝病逃課（兩個意思一樣）時在家看的一齣美劇。

今天的菜單上有魚（我不吃）、沙拉、義式玉米粥、綠花椰菜。玉米粥和蔬菜都很好。一位修女聽說我與華倫．巴菲特合夥做飛機生意，便跟我說她是巴菲特迷。但我相信她說的是吉米．巴菲特。這純粹是直覺罷了。

利百加修女告訴我，她有一個朋友說自己「只剩下三年的工作時間」，之後就要「退休，做她真正想做的事情」，度過剩下的人生。利百加修女為那位朋友感到難過，因為她每天都在做自己想做的事情。

「想想看我朋友那些沒有做她想做的事情的時間。」

我同意她的說法。

所以我便跟她講了一個關於我朋友的故事。他快要滿五十三歲，生活正在發生一些變化。老化是一個粗魯的覺醒。突然間，歲月流逝，你想做的事情幾乎都沒有做。年齡越大，時間過得越快。我的朋友就處於那種我這輩子什麼都沒做的鬱卒中。於是我對他說，假使我給你一千萬，你會怎麼做？

「很簡單，我做的第一件事就是搬到加州去住。」他說。

「你知道嗎？沒人會給你一千萬。但如果你想搬到加州，現在就去吧。」

「真的嗎？」

「是啊。不用管什麼六個月的緩衝期，就搬吧，然後把這個問題想明白，否則你將抱有莫大的遺憾。」

「他搬去加州了嗎？」黛比問道。

「沒，他到現在還只是掛在嘴上說。」

人們總是在等待著什麼事情的發生，然後才改變自己的生活。但他們搞反了；你改變了生活，才比較可能有大事情發生。有一件事是肯定的，如果你一直等著別人給你一千萬，那什麼都不會改變。

修女們和修道士們說得對。他們在多年前就對生活做出顛覆性的改變。你知道如果有人給他們一千萬會怎麼樣嗎？沒怎樣……他們不會做其他的事，但他們仍然非常快樂。重要的是，金錢並不是生活的改變者。Quicksilver（美國大型零售品牌）的現金回饋或者物質生活的提升，都不會改變生活的未來規劃。改變是完全不用花錢的。越早決定過自己喜歡的生活，做自己喜歡的事情，你的生活就會越充實。而且現在開始永不嫌遲。

吃完主菜後，午餐氣氛變得怪怪的。和氣的見習修女黛比說她很困惑。她在喬治亞州的聖經地帶[3]長大，受到的教導是穿著要端莊得體，婚後才能有性行為。但

3 譯注：是美國俗稱保守的基督教福音派在社會文化中占主導地位的地區。

她一直在和不同的男人交往，不知道如何平衡這一切。然後她問修女們：「你們沒有性愛是怎麼生活的呢？」

我就在此時告辭，則濟利亞修女也認為這時間點走或許剛剛好。

離開之前，我送給他們亞特蘭大老鷹隊的T恤作為禮物，讓她們大為意外。

柏蒂茜修女舉起她的T恤，要求換中號的。

然後她問米爾塞普是誰；她以為這是一個非比尋常的名稱。

我解釋說那是他的姓，他的名字叫保羅。

「我們在球衣上寫姓氏。」

「那不是以自我為中心嗎？如果是一個團隊，為什麼不是只寫隊伍的名字，去除對個人的強調呢？」

在我聽來這話挺有道理的。

「不管怎樣，保羅這個名字，」她說，「聽起來挺有宗教味的。」

「這我得回去查一查。」

＊

回到修道院時，有一個巨大的驚喜正在等著我。我的房門下面有一份《紐約郵報》，是廚師喬希偷偷拿給我的。他渴望天天這麼做，因為我們做了一筆交易，交易內容是他幫我弄份報紙，這樣我才不會無聊死。我跟你說，我已經克服了想要放棄的想法，但要完全獨處還是不容易，所以我期待看這份報紙。

不過，報紙裡盡是川普對某人很不爽、一名白人至上主義者在第九大道殺害了一名非洲裔美國人、恐怖分子在歐洲殺死四個人，我還沒看完第六頁的八卦就把報紙給扔了。日常生活中的那種狂亂不是我懷念的事。事實上，我開始喜歡遠離它。

與新精舍了不起的修女們合影

第12天
「平凡」的幸福

「想要找到快樂，就必須接觸各種事物。快樂就在那裡……你要做的就是去尋找。」
——新精舍的修道士們

早上往教堂的方向走的時候，實習生藍尼從我身邊跑過去。他在塔下停了下來，懇求路加讓他敲鐘。路加答應了他的請求，於是藍尼戴上巨大的保護耳機，開始敲鐘。我悄悄走進空無一人的教堂，坐在老位子上。鈴聲比平時更響。我認為他做得不錯，他敲起鐘來堪比鐵娘子。

「幹得漂亮，藍尼。」他進來時我說。

他對我露出第一個笑容，看上去真的很開心。日課結束後，我們兩個一起去吃早餐，雖然沒有交談，但走在一起對我們的關係已是一大改善。

走進餐廳時，德國牧羊犬瑞莎和維娜立正站著。牠們每次看到藍尼都會這樣，但我在今天之前一直不懂。藍尼可能是我所認識最不愛社交的人，但是狗狗們都很喜歡他；我是我認識的人中最善於交際的人，但那些狗卻根本不甩我。我開始認為藍尼是不為人知的狗語者。

我們今天可以邊吃早餐邊講話，所以我問修道士們，若是可以和三個活著的人共進晚餐，他們會選擇誰？他們立即把問題扔回給我，但我是有備而來的。我告訴他們我最近和十對夫婦共進晚餐時，有被問到這個問題。晚宴上大多數人都說過顯而易見的選擇：比爾·蓋茲、歐普拉、巴菲特、歐巴馬、伊隆·馬斯克等等，但輪到我的時候，我的三個選擇都是說唱歌手。有幾個人迷惑不解，因為他們不懂。但我選擇這些人的原因，在於他們在我十四歲的時候對我產生影響，改變了我人生的軌跡，所以我想和他們見面並感謝他們。我想問他們是如何精通所長，以及他們的創作過程是怎樣的。我的角度比較是來自於個人的影響。

那天晚上和莎拉開車回家的路上，我想了想為什麼不付諸行動呢？於是第二天我便對我生命中最具影響力的十位歌手發出邀請，請他們到我家吃飯……六個星期後，他們全坐在我的餐桌旁。我的朋友都問我是怎麼請他們來的，我簡單地說：「我開口邀請。」

不開口要求則無所得。

那頓晚宴真是令人驚喜。他們音樂人的歷程與我企業家的歷程有明顯的相似之處。首先，他們開始的時候都很年輕，沒有時間害怕。而一個剛開始創業的人，**克服對尷尬的恐懼是你能釋放自己最有用的禮物之一。**我不喜歡尷尬（我想也沒有人喜歡），但也不怕尷尬。晚餐一直吃到凌晨，這對我來說是一次令人難忘的經驗。我知道大多數人都不會做這樣的事情，所以我覺得自己無比幸運。

修道士們很喜歡這個故事，開始說出他們希望共進晚餐的客人名單。所有人列的都是宗教領袖和哲學家。那些是在他們的人生中幫助他們塑造個人發展的人，有男有女。然後我問他們有沒有興趣認識名人，克里斯多福修道士說：「別人在做什麼並不重要，重要的是你在做什麼。」

阿門。

10：00

所以今天的工作就是和路加、藍尼一起幫狗洗澡。吃完飯後我洗碗，然後走去幫狗狗洗澡的地方。狗的洗浴中心與幼犬所在的屋子相連。我推開門走進去，門撞到藍尼的後背。他面對著牆站著，一副被冰凍的樣子站在那裡，就好像是被人放在角落裡面壁似的。他看起來不太好，所以我立刻問他是否還好。

「不好——ㄠ。所有的狗吠聲都在擾亂我的思緒。讓牠們別叫了，我很不好。」

我不知道該怎麼辦。不過，藍尼看起來好像要瘋掉了。

所以我便告訴路加修道士，他最好快點來幫藍尼。路加拽著藍尼的胳膊，把他拉進了洗浴間。這一幕簡直是像肥皂劇。路加抓住他，讓他甩脫那股子神經錯亂，至少暫時的。

我了解到幫狗洗澡是一整天的活兒。我們三個人在裡面，還有兩隻德國牧羊犬，閃姆士和可汗，這個空間就像是交通顛峰時的六號線列車——完全無法動彈。那裡有一張大木桌可以讓狗站在上面，上面有刷子、指甲刀、噴霧器和我們隨手需要的一切東西。我們從可汗開始，牠跳到桌子上。

「Plotz。」路加修道士對可汗說。可汗立即坐了下來。

顯而易見，新精舍的德國牧羊犬血統純正，因為牠們精通德語。

修道士們在洗浴間裡放了一台衛星收音機，路加修道士打開了收音機。誰知道呢？頻道設置在NPR。我不知道在線上播音的人是誰，但聽起來像泰瑞．格羅斯。路加向我們解釋說狗狗們喜歡這個電臺，牠們也喜歡葛雷果聖歌。看著他和狗在一起就像看著我自己和我的孩子們在一起。他和狗狗們的關係緊密，也很投入這個工作。他愛牠們，很喜歡照顧牠們，而狗狗們對他的反應也好極了，牠們也同樣愛他。

不過路加修道士不養狗，他培養的是靈修導師。

工作的時間到了，他便包辦所有的準備工作，比如剪指甲和梳毛，而藍尼和我則在一旁看著。接著他抓起電動銼刀，開始幫狗修剪指甲。藍尼和我當時基本上是緊抱彼此，好讓路加有足夠的空間可施展。因為我離藍尼的臉只有五公分，所以我想可以在這時候建立我們的關係。我問藍尼他是不是狗狗的超粉。

「那還用說——我是和農場動物一起長大的。」

可是我還以為他是從拉斯維加斯來的。而且他一分鐘前還快瘋掉了。

路加剪完可汗頭上的毛後，就輪到閃姆士了。我們的工作是在閃姆士洗澡的時候陪伴可汗。我用兩隻胳膊摟住了牧羊犬，但藍尼卻只是把一隻手指放在這隻狗身上，並盡可能的離牠遠一點。就在這時，路加修道士開始滔滔不絕地對藍尼說狗狗們有多愛他。

這些事情一做完，藍尼便迫不及待地離開那裡。我們又一次穿過小狗的房間，裡面有一窩小狗崽仔。路加修道士把其中一隻抱起來，想把牠遞給我。可是我不想接過來，萬一失手把牠給摔了怎麼辦？萬一牠在我身上撒尿？萬一他討厭我的氣味呢？但我還沒來得及說什麼，牠就噗通一聲落在我手中。我把這個小毛球抱在胸前，小狗依偎著我取暖，眼睛還是閉著的。小狗的眼睛要到六天大時才會睜開，所以小狗不知道是誰或是什麼東西在抱著牠，只有全心的信賴。起初我抱著這個小東西時感到有點不安，擔心自己有哪裡做得不對，但牠把我的心給融化了，我開始撫摸牠。

*

晚餐的甜點是藍莓，吃完後全體站起來祈禱。每個人都低下頭，閉上眼睛。克里斯多福修道士開始帶領我們，他說話的時候，我忍不住睜開眼睛看看有沒有人在看。這時，我看見藍尼把一顆藍莓悄悄塞給在桌子底下的維娜，然後又餵了一顆給閃姆士。他在賄賂牠們！我再看過去時，藍尼的眼睛閉上了，有如他一直在虔誠地祈禱。什麼狗語者，狗屁。

後來我們都聚集在閱覽室裡，那裡還有一台電視機。今晚是電影之夜。我第一次聽說有電影之夜時可興奮了，心中想的是《動物屋》（*Animal House*）和爆米花。多麼美好的夜晚！修道士們一整天都在談論這件事。「傑西，你今晚有沒有感到興奮？」「距離開演只剩幾個小時了。」和「精采之夜，今天是**電影夜**！」

我提前五分鐘趕到那裡，想找個好位子，但大多數修道士都已經到了。看得出來他們真的很興奮，因為他們可以離開工作和祈禱，看一部好電影。我坐在斯塔夫羅斯和多默之間的一張小沙發上。又過了幾分鐘，大家都到齊了，電影開始了。

「我想你會喜歡的，」斯塔夫羅斯說。「這是第九部分，你應該不會看不懂。」

「是喔。」我說。

現在我想他的意思一定是像美劇的第九集，這對我來說沒問題，我只是想要解解悶，作一些老式的消遣。但隨後斯塔夫羅斯解釋說，我們正在觀賞一部關於基督教的十四集節目。等等，什麼？這就像律師看《法網遊龍》，醫師看《實習醫生格雷》難道他們不會對那些他們成天都在做的事感到膩煩嗎？

「我們是從去年十一月開始看的，」斯塔夫羅斯補充說，「到夏天這個節目就結束了。」

好吧，這還真是為追劇賦予新義。他們要花六個多月才能把這齣劇集看完。片頭字幕一播出，我就知道原因了。實在是太無聊了。我跟不上劇情，如果這有劇情可言的話。無論如何，我就是看不出個所以然來。我盡力了，我真的盡力了。我把注意力集中在螢幕上，但這就像看一部沒有字幕的外國電影。然而，這又是唯一可以觀看的東西。

在家的時候，我有時會因為內容太多而感到沮喪。我花一個小時在 Netflix、Hulu 和 Amazon 上點來點去，但永遠沒有決定要看什麼，我像是在逛街，而不是要消費娛樂節目或其他有教育性的東西。我只是不停地點擊。

但在修道院裡的感覺就像是在一九七七年。在我們成長的過程中，基本上只有三個頻道可選，如果想換頻道，就得從沙發上站起來，走到電視機前，用手去轉動旋鈕。如果碰到吉米．卡特或雷根在演講的話——就別費事了，那是八歲的孩子最可怕的噩夢，因為三台只有這一個選擇，有夠掃興的。

我的腦海在二〇一七年到一九七七年的這段時間裡轉來轉去，想起《三隻小熊》（*Goldilocks and the Three Bears*）的故事，奇怪吧？但在這個童話故事中，金髮姑娘試坐三張椅子、試吃三碗粥、試睡三張床，每次她都發現自己的第三個選擇「剛剛好」。她一直去嘗試，直到找到適合她的東西——剛剛好。

也許我應該像金髮姑娘一樣，不斷嘗試，直到剛剛好為止。

我試著專心看這部電影大約十分鐘後，環顧了一下房間。所有的修道士都被那齣劇迷住了，神情就像我家的小孩在看《海底總動員》，深深著迷，連藍尼也看得津津有味。他坐在椅子的邊緣，好像在看的是《國土安全》的最後一集。

我看著瑞莎和閃姆士躺在地板上。那兩條狗回頭看著我，好像在尋求幫助。牠們和我一樣無聊。我笑了起來，然後牠們倆慢慢地站起來，朝我走來，躺在我的腳邊。瑞莎轉過頭來看著我，我揉了揉她的肚子。然後閃姆士也不想錯過任何親密之舉，就定位讓自己的肚子也得到揉搓。如果我把狗帶回家，莎拉會不會殺了我？

*

第十二天結束了，但我感覺不一樣，好像有了一個新的視角。

我在這裡，充分意識到這一天形成的鮮明對比。我在這一天開始時談論請十位有影響力的饒舌歌手到我家吃飯的事，然後在修道院裡進行兩場有點平凡的活動：為狗狗洗澡和觀看一部無聊透頂的電影。我真的能滿足於平凡嗎？回到亞特蘭大後，我能在類似的活動中找到啟發和價值嗎？

第13天
拿掉三萬五千個抉擇

「你在說話時，只是在重複你已經知道的；但是如果你肯傾聽，就可能學到一些新東西。」——達賴喇嘛

執行單一工作已經成為我的第二天性。我對洗盤子和擦地板，樂在其中。當我只專注於一件工作時，生產力就大得驚人。再也沒有什麼比賽了，做完的時候就是做完了。當我把工作做完時，就是結束的時候。

這是我在修道院學到的一件事。修道士們已經取消了大部分自己強加給自己的最後期限，他們轉移重點，強調的是工作的品質。當工作徹底完成時，他們就做完了，只有到那時，他們才算完成。這種態度傾向於「不走捷徑的風格」，而最終的成果總是更好。

對我來說，周圍的一切也都在改善。我知道做日課時什麼時候該站，什麼時候該跪，什麼時候該坐。我開始學習祈禱，而且發現自己也跟著唱聖歌。在教堂裡唱

歌的感覺真好！等回家以後，我也想讓家人在星期天一起唱。

修道院開始感覺像是我的第二個家。昨天有一名訪客問我日課什麼時候開始，我告訴他們後，他們說謝謝你，修道士……是的，傑西修道士樂意為您效勞……我正處於最佳狀態。我感覺像是一名修道士。

我的思緒也超清晰，有一股新的創造力在衝擊著我，我想我知道原因。美國人平均每天要做大約三萬五千個決定；我在某處讀到，人們做的決定太多，可能會引起一種叫做「抉策疲勞」的狀況。你有沒有想過為什麼在比賽快結束時，你們那隊的四分衛決定傳球形成三人包夾？或者就在睡覺前，你決定讓孩子吃一塊糖果？還是在辛苦一天之後，你覺得是時候告訴你的另一半，他可能重了幾公斤？

抉策疲勞，令人人感到疲憊。

但在修道院，幾乎所有的選擇都被拿掉了。修道士讓我吃飯的時候，我就吃。他們給我什麼就吃什麼。我不需要從很多衣服中選擇要穿哪一件，我只穿兩套衣服。**我們沒有意識到每天做的抉擇占據了大腦太多的空間，所以沒有空間留給創造力和更有生產力的思考。**

現在我的大部分抉擇都不見了，腦子裡充滿了清晰的想法。今天回到我的房間，把我的生活安排成幾個簡短列表。我把生活分成四部分：家庭、工作、個人、健康，然後在每個類別中填上我想要完成的事項，再把這些存在手機裡。

我甚至還覺得我的直覺恢復了，這股力量已重新進入我的身體。

我的直覺開始活躍起來。

很高興我決定留下來了。

我今天用修道士們的室內電話和莎拉通話。能聽到她的聲音並知道孩子們的最新消息真好。你知道，就像往常一樣，四個小孩亂成一團。我覺得很過意不去，我不在的時候，她得收拾這麼多爛攤子。我得設法補償她才行。講完電話後，我再度靜坐。

麻煩來點鼓聲……我沒看時鐘就靜坐了二十分鐘！

我的念頭只跑掉幾次，但馬上又能把念頭帶回來。

＊

日課結束後我去找克里斯多福修道士。他在講道時花了很多時間談論焦慮和擔憂。我在這段期間聽他講道，意識到我的身體有多麼的緊張，不僅僅是在那一刻，而是所有時候皆如此。我的肩膀一直很緊，我試過所有的方法，從脊推指壓到專業背部按摩，但都沒有什麼效果。可是今天，多年來這種疼痛和緊張第一次消失了。

「謝謝你，」我對克里斯多福修道士說。「你的話引起了我的共鳴。我的人生沒有太多要操心的事情，但我好像還是很操心。」

「嗯，我們大多數人都會有不堪負荷的感覺。這通常與一些不是很重要的事情有關。」他說。

「怎麼說？」

「我們思考可能發生的事情、每一件可能出錯的事情，並且執著、放不下。大部分的煩惱都是自找的。」

我開始檢查腦子裡的煩惱。如果我家的小孩在學校表現不好怎麼辦？如果我在馬拉松訓練前生病了怎麼辦？如果我的頭髮長不回來了怎麼辦？

「那麼，有不焦慮的可能嗎？」我問。

「唔，我們都知道有一些超級能鼓舞人心的人，他們生活在悲劇之中，但心情仍然保持平靜。生活在阿根廷貧民窟的教皇方濟各和大屠殺的集中營倖存者就是很好的例子。他們深知苦難，卻沒有被剝奪和平。」

「哇。有沒有一個公式或藍圖能讓人在不關閉腦袋瓜的情況下保持平靜？」

「有，」他說，「就是默想經文。讓自己面對生活中任何威脅。只要多次閱讀經文的段落，神的話語是對我們說的，並可以觸動我們。」

我不信基督，但他的話還是有道理。我們不停的交談，我了解到人擔心的事情有百分之九十都不會實現。這樣的投資回報率實在是不高。顯然我們根本不用擔心，但仍需要控制住那些無法控制的事情。**如果花太多時間擔心可能發生的事情，就會錯過生活中所有可以改善的事情。**

我還和格貴利修道士一起待在修道士們經營的禮品店，像兩個老朋友般聊天。後來，多默不知道是打哪兒冒了出來。我開始意識到修道士可能是玩捉迷藏的世界級頂尖好手，因為他們總是突然冒出來。我向他們表示謝意，並告訴他們，到目前為止，在修道院的生活對我來說真是一次奇妙的經歷。

「大家都親切款待我，我真心感激。看到各位對彼此的愛，像一家人般相處的感覺，以及強烈的敬業精神，真是令人佩服。」

「謝謝你。」

「是我要謝謝你們才對。你們聽從自己的心，創造了你們想要的生活。不關注金錢、自我或競爭，但是找到非凡的快樂、愛和感激。這是一個很有說服力的心得。」

「我們得到的比給予的更多，」格貴利修道士說。「我們會想念你的活力。」感覺真好。他送了我一些靜坐和禱告的書籍，還有兩本修道士所著的暢銷書籍《如何成為你的狗最好的朋友》和《養小狗的藝術》。他把這些書本放在一個袋子裡，熱情地和我握手。

幾小時後……

克里斯多福修道士探頭到我的房間看我在做什麼。日課是在兩小時之後，所以他問我在那之前要做什麼……

「思考。」我說。

現在的我對獨處很自在。

*

我坐在克里斯多福修道士和斯塔夫羅斯修道士之間吃晚飯。我明天要外出，因為我答應別人要去曼哈頓做一個播客。所以這一餐算是我最後的晚餐。他們說我能撐這麼久，令他們刮目相看。我也有同感，這十三天，我在車道來來回回走了一百九十二公里，做了五十小時的宗教日課，盡可能一天靜坐一小時。

克里斯多福修道士告訴我，有人計畫到修道院來住，但只撐了六小時就落跑。那位訪客告訴修道士們，寂靜籠罩著他，他再待下去的話，可能會崩潰。他們不太確定他的行李有沒有打開過。這教我想起了我的第一天。當時我不知道自己要面對的是什麼，還以為會有五十個光頭的修道士穿著長袍和涼鞋，安安靜靜的走來走去。

上床睡覺前，我問斯塔夫羅斯修道士，外面的生活最讓他懷念的是什麼。他說是在他長大的喬治城裡裝了紗窗的門廊。出家隱居五十年了，唯一讓斯塔夫羅斯懷念的竟然是一個門廊？哇噢。他說他還能聞到那股芳草和香花的氣味，恍如昨日。這使我想知道二十五年後我會懷念的是什麼。我們對時間的感知差異很大。在修道院的五十年對他來說轉瞬即逝。對我來說，這兩星期卻像是一年。

不久前我跟莎拉說，想在八月份為我的五十歲生日舉辦一場盛大的聚會。我解釋說，我二十五歲的時候，在紐約市辦了一場大型狂歡活動，因為我認為二十五歲具有紀念意義，而現在我想做同樣的事情。

「想想過去二十五年發生在你身上的一切，你在那段時間裡完成的所有事情。」莎拉說。

「說真的，親愛的，我覺得我沒有什麼成就。我想在這一生做更多事情，但我最大的敵人是時間。」

「那麼，這些年來你最喜歡的是什麼？」

「挑戰、冒險，還有和我喜歡的人一起做一些事情。」

「老公，那麼在接下來的二十五年裡，就盡量多做這些事情吧。**時光飛逝。盡量多做一些你喜歡做的事情。**」

收到。

不管怎樣，我對明天很興奮。

我打包不是一走了之，因為我還會回到修道院，看看我有什麼感受。

紐約市，我來啦！

第14＆15天
重返：回到狂亂之中

「在變動和混亂當中，要保持內心的平靜。」
——狄帕克．喬布拉（Deepak Chopra）

早上，阿爾弗雷多準時來接我。阿爾弗雷多是我和莎拉在紐約時慣用的司機。他和我們在一起太久了，他要是哪天轉行或離開我們，會讓我們很痛苦，因為我們都很喜歡他。他以時速三公里的速度駛進車道。阿爾弗雷多從來沒有以時速三公里的速度開過車。他把車子駛近後，我透過擋風玻璃看到他的臉。他左右張望，一副剛剛穿過一個神奇的入口，進入一個神祕國度的表情。他好像發現自己進入了迪士尼電影——並完全沉迷於他自己的世界。我揮了揮手，但沒有引起他的注意。他的車子一停，我就把行李箱推過去。

「我說，」他邊說邊打開車門，「這裡有活人嗎？」

「這裡一直都是這樣。」我說，「我們這裡是郊區。」

「不是，才不是，」他說，「這裡不是郊區，是瘋人院才對。」

「你有沒有帶冰沙來？」

他的臉上閃出一個毒販似的微笑，然後打開行李箱。我把包包扔了進去。上車後，他拿出一袋四大杯沙冰。安全帶還沒扣好，我就嗑完第一杯。我努力讓自己相信修道院的食物很棒，但喝了幾口之後，便想起自己有多麼愛吃冰沙。

阿爾弗雷多「砰」的一聲坐進駕駛座，把車子駛出停車場。車子離開時，我靜靜的凝視窗外。這是一種愜意的寧靜，唯一的聲音便是雪和樹枝在車胎下嘎吱作響。凝視著窗外，我開始感到一點點傷感。這條私有道路我走了不下數十次，但現在離開的時候，才意識到有多麼的美。最終，阿爾弗雷多打破了沉默。

「這些修道士在這裡住多久了？」他問道。

我跟他說了之後，他驚呆了。

「不可能，」他說，「不會吧，大哥，五十年？」

我們到達山腳下時，經過兩個活動房屋，狗狗們像平常一樣的狂吠。阿爾弗雷多踩下油門，我們離開了修道士路，然後我立刻看到兩個騎自行車的人。這個感覺有如第一次看到大海，我簡直不敢相信。是人吶！真正的非修道士的人類！我一直盯著他們看，直到他們從我的視線中消失。

我的計畫是在回紐約的路上去康乃狄格州的家接我的朋友邁克．楊。邁克是電影導演，他對我們來說就像是家人。去年四月，他問我是否可以到我們曼哈頓的家度周末，同時要找出租的房子。他當時正在拍一部電影，製片公司正在為他找一個拍片時可以睡覺的地方。我不知道他的租金是出了什麼問題，因為他在我們家住了五個月，我兒子拉澤還以為邁克是他的親叔叔。邁克還是一位脫口秀演員，也是我認識最搞笑的人之一。他跟我說過這樣一個笑話：

「有一個人去求職面試時，面試官問他：『你最大的缺點是什麼？』那個人說：『無可救藥的誠實。』面試官說：『我不認為這是一個缺點。』那傢伙說：『我才不鳥你怎麼想呢。』」

我真的很期待見到邁克。我需要好好笑一笑。

離修道院越遠，我就更意識到自己回到了我離開的世界。看著樹木、里程標、路標閃過時，一種由衷的快樂湧上心頭。我覺得一切變得不一樣了——感覺更輕鬆。我看到自己在窗戶裡的倒影，臉上掛著笑容。我為自己能堅持下去，並能接受如此不同的經歷而感到自豪。

最後我們把車開進了我在康涅狄格州家的車道。阿爾弗雷多和我少有交談，但我們通常不是這樣的，他奇怪地看著我。

「你沒事吧？」他問。

「好得不能再好。」

邁克坐進車裡，我們駛向城裡。能回來真是太好了，但是一到州際公路，邁克就拿出手機，開始看訊息、電子郵件和社交媒體。我看著他同時做這三件事，然後再開始以免持聽筒的方式打電話。他和一位經理人討論即將到來的演出，同時一面不停的發電子郵件。他同時做九件事，沒有一個像是修道士會有的行為。

「你應該試試看一次只做一件事。」我說。

他沒有聽我說話，只是在發簡訊，同時透過聽筒講電話。光是看著他，都令人頭殼發疼，而且我的頭的確是疼了起來，然後在他持續發簡訊時，我笑出聲來。

離城市大約三十公里的時候，我開始注意到塞車。車子是一輛緊接著另一輛，人人都在趕時間。我想每個人都在想他們的下一站、下一頓飯，或者下一個什麼，你可以在汽車駕駛的臉上看到這一點。塞車越來越嚴重。紐約就像一個螞蟻養殖場，我們爬在彼此之上。

我們花了大概一個小時才到達我在市中心下塌的旅館。阿爾弗雷多讓我下車，然後要帶邁克去一個朋友在市中心的家。我在想他會不會在那裡一住就是五個月。紐約市的人行道就像是機場的旅客傳送帶。我站在那裡，看著人們和他們的毛小孩消逝——人來，人往，每個人都在移動——每個人都在滑動。我正要去拿我的包——砰！

我猝不及防，砰的一聲，直接被撞倒在地。

抬頭一看，便看到一個穿著西裝的中年人在低頭看他的手機。

我們剛才肩並著肩，但他根本沒有抬頭看路。

他就像是嘉年華會上的碰碰車，不停的開啊——開啊——開啊的。

噢，我對自己說——我以前就是那樣子嗎？

我從 Rosa Mexicano 買了外賣當晚餐，點了兩道沒有肉的主菜，一個蔬菜盤主菜，一份著名的酪梨沙拉醬，還有三支玉米。我把電視轉到ESPN台，埋頭猛吃。我的吃相像隻大猩猩。我埋頭吃個不停，直到開始啃第三支玉米，速度才開始放慢。

同時，我發現自己從ESPN轉到體育頻道，轉到YES，又轉回ESPN。可是在十四天沒有看電視之後，感覺電視是在入侵我的感官。播報員在快速的談論著交易、比賽、統計數據和強調的事情。我啪的一聲關掉電視，靜靜的享受我的蔬菜盤。我想知道我恢復原來的壞習慣會有多快。過去的生活要花多久時間才能完全吞沒我？或許早就把我吞沒了。

到了晚上九點，我已經筋疲力盡。我坐在旅館房間裡舒適的椅子上，開始靜坐。當我開始有節奏的呼吸後，能聽見每一個聲音：遠處街上傳來汽車喇叭的聲音，鋪著地毯的走廊上傳來腳步聲，床頭櫃上的時鐘發出的微弱電子嗡嗡聲。不久，我只聽見空氣從我的肺裡進出。在修道院的每一天，我的靜坐練習變得越來越長。到十四天結束時，我的頭腦可以清空十到十五分鐘，甚至更長時間。

我想到有孩子在服用治療過動症的藥物，但其實他們如果學習靜坐，可能會更好過一點。所有的藥物都有潛在的副作用對人體並不好，然而**靜坐沒有任何壞處，**

最壞的情況也不過是錯過十五分鐘的電視節目。

*

第二天早上我起得很早，鬧鐘還沒響就醒了。我起床去洗手間。兩周來頭一次在鏡子裡好好的看著自己。我在修道院肯定瘦了有七公斤，一臉蓬亂的鬍子，瘦弱的身板，看起來就像電影《荒島餘生》裡的湯姆．漢克斯。我洗臉刷牙，回到床上後，本能的捂住耳朵。

鬧鐘聲……然後我看手機，是的，是早上七點十五分。哇——我的生理時鐘啟動了。我的思緒轉到那些魚貫走進教堂的修道士身上。我想知道他們是不是在看我那個空著的位子。

我住的旅館離中央公園不遠，所以我決定繞公園走一圈大約是十公里。感覺是要用走路才對，而不是跑步，這裡感覺很好。旅館侍者打開大門，我又回到了一片混亂中，有計程車發出的嗶嗶聲、垃圾車的倒車聲，而街道噪音便是背景聲音。聲音從四面八方傳來——是環繞立體聲。幾乎每一個人都在講電話。我想我以前就已經注意到這一點，只是現在看得前所未有的清楚。

現在我高度警惕，以防別人撞到我。我順利地到達了公園的開放處，沒有再受傷。走著走著，突然就走進我和莎拉以前住在中央公園西街的老房子。就在這時，我看見了以前的一位門衛卡爾頓，

「嘿，大哥，」我說，「你好嗎？」

「有什麼需要我效勞的嗎？」卡爾頓問道。

「沒有。」我說，「我只是過來打個招呼。」

「跟誰打招呼？」

「跟你啊。」我說，「嗨，卡爾頓。」

「嗯，嗨。」他說。

我突然意識到他不知道我是誰，因為他從沒見過我光頭或留鬍子的樣子。

「我是傑西啊。」

「哎呀，」他說，「我都沒認出你來！」

我們聊了一會兒，然後他問我在做什麼。他想知道我是否一切安好，而且一直問，你沒事吧——你沒事吧？事實上，我感覺好得很，真的很好。大約五分鐘後我便離開，去看我的朋友布萊恩．弗里德。

布萊恩是我的鐵桿好友之一。莎拉說他是我的「超級朋友」中的一個。我之前每星期三都和一票朋友在公園裡跑步，我們自稱為「美妙星期三」，但莎拉稱我們為「超級朋友」，而他便是這一票人中的一個。

我有一段時間沒看到布萊恩了，真的很期待見到他，想把我在修道院的體驗告訴他。走五分鐘就到了，他正在我們相約見面的草地上等我。我看到他後便帶著大大的笑容走了過去，但是他沒有跟我講話因為他正在講電話，而且聊得很投入。

「等一下，」他做著口形說，「我愛你，老哥，但我得講完這通電話。」

布萊恩原本是搞金融的，做得並不開心，於是辭職，自己做專業承包生意。他在新行業中既沒有經驗也沒有專業知識，但他憑著直覺與自信，認為只要他開始行動，就能搞清楚。我超級以為他榮的。當他要制定商業計畫時，便打了電話給我。

「我想把這個公司稱為精英衣櫥。」

「你只做衣櫥嗎？」

「不，我們也要做櫥櫃、架子、還有很多東西。」

「可是名字聽起來好像你只做衣櫥。」

「對喔，我想你說得對。我一直想要改變一下。」

我建議用「木大師」（Wood Master），以免人家以為這只是一家壁櫥公司。布萊恩同意了，於是「木大師」便誕生了。他們現在正忙得昏天黑地。即便在幾英尺遠的地方，我也看得出他正在解決突發的問題。

布萊恩把手機放在脖子和肩膀之間，低聲說他一會兒就走。我坐在長椅上看著他來回踱步，聽起來好像在和什麼人爭論。最後他示意我跟他一起走，於是我起身，我們開始往下一個迴圈走。終於，他講完了電話，停下腳步給我一個擁抱。

「哇，」他說，退後一步，看著我。「你還好嗎？」

「我很好啊。」我說，「我很好。」

「你看起來有點……骨瘦如柴。」

他的電話又響了。布萊恩看了看來電顯示，然後拿起來。

「我二十分鐘後再回電。」他說完就掛斷電話了。我從布萊恩的行為裡，看到的是我們生活中的許多面向，這就是我們整天工作的方式。在修道院住過之後，曼哈頓可能不是我回歸塵囂的最佳選擇。我很快就感受到之前積累起來的平靜從體內滲漏出去，就像蒸汽從散熱器冒出去一樣，但我卻無可奈何。我的播客是二點四十五分開始，不過在之前要在一點三十分參與一場電話會議向三星提出一個商業提案。中間的空檔，我想去洗個蒸氣浴。要做的事太多，但是蒸氣浴非去不可。我和布萊恩走完一圈後，便互道再見。

一點十五分左右，阿爾弗雷多開車載著邁克．楊來接我，然後便前往澡堂。我覺得應該可以在車裡接三星的電話，這樣洗桑拿的時間才能多一點。但是電話講得太久了，直到兩點多才講完。

「我們得做個快速桑拿。」我對邁克說。

大約從一八九〇年代開始就出現了「俄羅斯和土耳其浴場」，現在業主是兩名俄羅斯人——伯里斯和戴夫，但兩人多年前大吵一架，之後彼此就沒有任何關係。吵架後，他們沒有賣掉澡堂，而是決定把浴場分成兩部分。加入戴夫的會員，就不能去伯里斯那裡洗；加入伯里斯的會員，就不能去戴夫那裡。如果是像我這樣的中立派，就買一日券，隨時都可以去。

這個澡堂真的是獨一無二，多年來吸引了很多名人前往。已故的老牌影星法蘭克・辛納屈（Frank Sinatra）生前便是這裡的常客，約翰・貝魯什（John Belushi）也是。貝魯什說，這是唯一可讓他找到平靜的地方。澡堂位於一幢舊公寓的地下室，沒有空調。登記好之後，他們就會給你一條紙內褲，上空的女人走來走去，但這感覺完全正常。你今天和福特汽車的模特兒共用一間桑拿室的可能性，與和一名八十歲的俄羅斯裔猶太人，或一個想減肥的布魯克林拳擊手共用一間桑拿室的可能性一樣大。和貝魯什一樣，我去洗桑拿只是為了暫時遠離激烈的競爭。

另外，我喜歡玩遊戲來測試我的意志力。我假裝桑拿浴是一場比賽，看誰能堅持最久。我說的不是一般的 Equinox 或者 LA Fitness 桑拿房。他們把「第十街浴場」的熱桑拿稱為「俄羅斯輻射熱室」，那裡簡直是熱到離譜的地步。紐約州法律規定，桑拿浴的溫度不能超過攝氏約七十九度，但在俄羅斯和土耳其浴場的桑拿浴起碼高出二十度，熱到你從桑拿室出來以後，必須用慢動作走到門口，否則會感覺皮膚好像被燒掉了。

我和邁克穿著紙內褲走進了「輻射室」，那股熱氣立刻侵襲我們的皮膚。「天哪，這裡他媽熱得可以。」邁克說。

裡面還有另外兩個人，一個是身材超級結實的男演員，看起來像是在一齣肥皂劇裡軋了一角的演員，另一個是身上有刺青、臉上有鬍鬚、頭上有氈帽的俄羅斯人。他竟然還戴著帽子！我立馬知道誰是我這場「誰會先離開桑拿浴」比賽的對手。

我猜得沒錯。大約六分鐘後，那個男演員開始咕噥著往自己身上澆了一桶冰水，但不管用，於是過一會兒便走出去了。而我也沒把邁克．楊放視為對手。果然，一分鐘後，他便說：「喲，這太難受了。我要跳進冰水裡去。」也接著走出去了。

這下子只剩下我和那個俄國人。短兵相接啊。

這個俄國人專心凝神。他默默地盯著自己的腳，汗水像從一根軟管由前額滴下來，就像浴室的水龍頭從他兩眼之間漏出水來一樣。滴……滴……滴到桑拿室的木凳上。他目不轉睛地盯著他的涼鞋。我試著靜坐，讓思緒遠離俄羅斯人和那股悶熱。我想贏，但在「輻射室」靜坐萬無可能。不知道大師級的修道士是否能耐得住高溫。

感覺眼皮好像快要熔化掉了。

在此同時，俄羅斯人開始有節奏地咕噥，好像是在做一些部落桑拿呼吸法來延長他待在裡面的時間。我需要採取某種戰略，不然就會輸。我想自己頂多只能再忍受兩分鐘，所以最好趕快讓他從恍神的狀態中恢復過來。

所以我便放手一試……

「很熱，對吧？」我說，試圖讓他走出放空的狀態，讓熱度成為他注意的重點。他停止了咕噥，直勾勾的看著我。他頭戴氈帽，一臉鬍子，看上去應該在撒哈拉沙漠裡騎駱駝才對。

「沒，捧油，天氣沒拿麼熱。」他帶著俄國口音說。「是遮裡馬得胎熱了。」

這傢伙是個桑拿怪獸。

「你要在這裡面待多久？」我問。

「待到我馬得再無法忍受為止。」

「明白。那麼，我能問一下這頂帽子是做什麼用的嗎？」

「帽子？啊，這樣我馬得髮根就不會燒掉了。」

「髮根？」

「是的。熱度會往上升，而頭高高在上，你馬得根在你的頭上。」

不會吧，愛因斯坦。

之後，那個俄國人便低下頭看，汗水像熱帶暴風雨般從他身上流下來。馬的，我心想，然後朝出口走去。我出去了——我輸了。我還有事情要做。

*

一個小時後，我和喬．德．塞納（Joe De Sena）一起製作了 Spartan Up 播客，喬是「死亡賽跑」和「斯巴達勇士賽」的執行長和創辦人。這些比賽包括長度從四．八公里到馬拉松不等的障礙賽，也在軍事基地舉行一系列比賽。喬是一位教練、健身專家、暢銷書作家。他是一個野獸，參加過超級馬拉松和其他長距離比賽，有一年還參加五十次超級賽跑和十四次鐵人三項比賽。

喬是個極端的人，但我喜歡極端。

我們在曼哈頓下東區的一家小餐館見面。我提前五分鐘左右到，喬則已經在準備了。我進去時，他拿著壺鈴走過來迎接我。他把壺鈴放在地板上，然後用力的擁抱我，差點把我昨天晚上吃的墨西哥菜從我嘴裡給擠出來。這傢伙無論走到哪裡都帶著一個四十五磅重的壺鈴，連去日本旅行也都一路帶著，還讓一位功夫大師訓練他一歲的兒子。他告訴我，這樣做是為了提醒自己不要把日子過得太舒適了。他一就位，差不多就開始。

播客開始後，喬問我一些大概人人都會問的關於我去住修道院的事情，像是你為什麼會去？你最想念的是什麼？修道院的生活是什麼樣子的？你從中得到了什麼？

原來喬是一個很會提問的訪問者。他提出許多直截了當的問題，甚至深入到意志力和動機的細節。他看得出這個冒險超出我的技術範圍，因為它更注重放慢速度，而不是硬挺過去。一個小時後，我們結束訪談，然後我就上路了。

我立刻回到阿爾弗雷多的車裡，向北駛去。我在ＧＰＳ裡輸入了新的「新精舍修道院」，ＧＰＳ顯示這趟旅行需要四小時二十二分鐘。

我朝我的最後一天而去。

第16天
我要回家了

「懦夫永遠不會開始；弱者永不言敗；成功者永不放棄。」——佚名

我昨天很晚才回到修道院。晚上十點，所有的修道士都已進入夢鄉。修道院向來很安靜，但晚上這種安靜令人不安。這想必是良心問題。在某種程度上，我覺得我是偷偷溜進去，因為這裡是如此寧靜，我是踮著腳尖走在修道院裡的。高中時，朋友們會講一些晚上很晚回家時偷偷溜進家門的事。我家沒有偷偷摸摸這回事。不論什麼時候回家，只要我回到家，我媽媽總是坐在沙發上等著我。所有的人員都必須點名應卯才行。

等我終於在房間裡安頓下來時，差不多十點半了吧。在修道院的頭兩星期，這個時間我都已經躺在床上。但才短短的一天半，我的生理節奏就回到原來的規律。這個意思並不是說我有像個孩子那樣翻牆，還帶著蛋糕、可樂的氛圍，反而是有點煩躁不安。

早上就要離開修道院，所以我便開始收拾打包。這次一走就不回來了。不過，我的行李從來沒有真正打開過，所以沒多久就把攤在外面的幾件東西塞進去，收拾完畢。所有的蔬果都已經清光了，所以有一個行李箱基本上是空著的。我不知道為什麼昨天不直接從城裡回家，也許是想確定一下自己有從修道院獲得所需吧。也許我還需要一天的時間來讓自己感覺更「實在」一點，當然還有想要好好的和大家道別。這是必需的。

*

來修道院之前，我在社交媒體上發布了一篇文，請大家建議要帶什麼書來，其中有一本書是維克多．法蘭可寫的《活出意義來》。我讀過這本書，但已是很久以前的事。由於房間裡光線不好，所以晚上我不得不使用閱讀放大鏡。我在修道院期間又讀了這本書兩遍。這是法蘭可在一九四六年寫的書，他在奧斯威辛集中營中倖存下來，主要是因為他釐清自己的「為什麼」。大多數和他一起被關在那裡並放棄生存意志的戰俘都失去了自己的「為什麼」。法蘭可談到確定一個積極的目標，並以這個結果創造出強有力的形象。這是一本改變人生的書，可以適用於任何生活和環境。如果你的「為什麼」夠大，通常就會出現「如何做」。**一個大大的「為什麼」可以克服每一個小障礙。**

我還記得克里斯多福修道士第一次問我「為什麼」的時候。我「為什麼」來修道院？當時我沒有真正的答案，又不想告訴他這只是為了寫一本書。但是現在，在和修道士們生活兩周之後，或許有了比較深入的「為什麼」。

住在修道院裡有一大部分時間一直在想我的「為什麼」，我認為我的「為什麼」完全是可以接受的。但假如克里斯多福修道士沒有一開始就提出這個問題，我不確定自己是否也能有這麼多的領悟。我在修道院期間這個問題一直在腦海裡迴響，使我更加努力、不斷地問自己「為什麼」。

在商業界，你會問「如何」和「多少」，但很少會問「為什麼」。然而沒有強烈的為什麼，人會迷失，而「為什麼」往往會隱藏不見。老婆總是提醒我，大多數廣告商講的都是產品的「特性」，而不是「為什麼」。「這是一個真空狀態，可以做XYZ。」但他們從來沒有真正講到你「為什麼」需要它，或者「為什麼」會創造出這個產品，或者這個產品「為什麼」不同於市場上的其他產品。「為什麼」是顧客對你的產品更感興趣，也是產生同感的關鍵。

不過，倒是沒人問我「為什麼」我要回家。

早上日課結束後，我和所有的修道士合影留念。我們以擁抱結束，我肯定謝過他們三十七次了，而他們也在不停的感謝我。除了藍尼以外，我和每一個人合照。因為藍尼告訴我他不照相。我把亞特蘭大老鷹隊的球衣送給所有的修道士，作為臨別贈禮，他們試穿球衣並假裝投籃，真是有夠搞笑的，因為他們的動作看起來一點也不像在打籃球，倒像是在打蒼蠅。

然後我花了大約一個小時打掃我的房間，掃地，用舊毛巾擦地板，洗垃圾桶。房間看起來就和我兩周前到達時一模一樣。在離開之前，我也一定要跟廚師喬希道再見。喬希真是太棒了，他真的有幫我偷渡報紙。他伸出手來與我握手道別時，我把三百美元塞進他的手掌，以示謝意。起初他拒絕了，但在我解釋他可以用來買點東西給他年幼的女兒後，他便收下。

錢——錢——錢……我早已意識到錢是一種非常尷尬的東西。它會改變人際關係。沒有錢時，你在別人眼中是一個樣子；有很多錢時，你在別人眼中又是另一個樣子。錢可以令人生畏，但也可以由自己來定義的。我母親總是對我說：「絕對別向人借錢，也不要借錢給人。這只會帶來問題。如果你想把錢當成禮物，沒問題，但要記住那只是一份禮物。」

她說得沒錯。她借錢的原則唯一例外的對象是家人。

最後，我把克里斯多福修道士拉到一旁。我真心想感謝他所做的一切，因為他造就了我的體驗。我給他最真誠的擁抱，感覺和他有一種精神上的連結。但有件事我也很想問他。

「所以，」我說，「等我回到家和我老婆說過後，就可以打電話給你，申請養一隻狗嗎？」

「當然可以，」他說，「你會是很好的狗主人。」

「我們有可能排在候補名單的前面嗎？以修道士朋友的身分。」

「沒有。」

「我想也是，」我說，「但是不開口問，就永遠沒機會。我會再跟你聯絡的。我愛你，大哥。」

好啦……該結束這個日誌，最後一次走出我的單人小室。就先這樣了。

等上飛機後再多寫一點吧。

兩小時後……

我們大約在上午十一點三十五分抵達機場。我的心情平靜。雖然即將看到老婆和孩子們讓我感到雀躍，但內心和四周感覺都非常安靜。後來我才意識到早上靜坐的時候我關掉手機了。於是我把手機開機，走進機場。

開機後，出現不少電子郵件、簡訊和社交媒體的提示聲。一個接一個，沒有間斷，實在是多到不行，於是我把手機轉為震動，一面繼續往前走。辦完登機手續後就前往安檢處。我把從修女那裡買來的乳酪蛋糕和煎餅粉放在移動的黑色傳送帶上，然後穿過X光機。就在此時，運輸安全管理局的工作人員停下安全帶。

「紙袋裡是什麼？」他問道。

非比尋常的旅程。我辦到了！

「是乳酪蛋糕和煎餅。」

「乳酪蛋糕呵。煎餅嗯。所以，你說是在哪裡買的？」他說。

「是新精舍的修女做的。」

「你去拜訪新精舍的修女？」

「是啊，我跟那裡的修道士們住了幾個星期，現在要離開了。」我注視著他的眼睛，用一種聖經古語似的溫柔語氣說。

他態度的轉變顯而易見，有差一點就要跪下的樣子。

「直接過去就行，先生。」他說，根本就沒有檢查那一袋東西。

乳酪蛋糕在X光機裡持續不斷的移動。我能感覺到運輸安全管理局的其他人員和其他排隊的人帶著崇敬的目光看著我，好像我是個傳教士似的。我覺得自己很像是個智者。我有鬍子，又剔了光頭……看起來像是那個角色無誤。我走到傳送帶的另一端時，便有人笑臉相迎和提供幫助。太有意思了，只不過是說了「新精舍」這幾個字，我就從潛在的毒品走私販搖身變成聖人。安檢人員對待我的樣子彷彿我能幫助他們進入天堂一樣。

「新精舍」這幾個字具有魔力。

書不一定要有趣，但內容必須真實

「沒有願景，則沒有希望。」

——喬治．華盛頓．卡佛（George Washinton Carver）

我走在返回阿歇特出版集團的路上。我延長午休時間，好讓凱特看我的日誌。她讓我過幾小時再回去。現在已經過了兩個半小時。不知道她會說什麼或想什麼，但我要保持的一件事就是誠實，而日記就是我最真實的經歷。

我回到這幢大樓的五樓，看到凱特坐在會議室裡。好吧……說真話的時候到了。我推開門，她轉過頭來看著我，笑盈盈的。我坐在她對面的座位上，日記就在她面前。看來她把整本日誌都看完了。我等著她說話——說什麼都成。

但是她什麼也沒有說，好像是在整理思緒，於是我就那麼等著。

「要是我們是在玩誰先說話誰就輸的遊戲的話，你絕對贏不了我的，凱特。我可是受過靜默訓練的。」

「哈，我覺得很棒。」她說，「這本書大有可為。」

「真的？」

「是的，就像和海豹的一樣，我覺得人們會想間接經由你——你的體驗，去感受修道院的生活。他們會想要發掘你從旅行中得到的一些好處，可以讓他們應用到日常生活中的東西。」

「這話怎麼說？」

「唔，每當有人提到他們看過《和海豹特種部隊生活的31天》時，他們通常會對那條『四成原則』發表看法。」她說。

「當你認為你已做完的時候，其實你只完成了身體能做到的四成。」我打斷她的話。

「這句話有著巨大的影響力。」她說，「而且確實引起讀者的共鳴。」

「我同意這個說法，而且也聽過這樣的反應。」我說，「如果人們能夠獲得另外的六成，就會對他們的生活產生重大影響。光是知道有那百分之六十的存在，就是完成和沒有完成的差別。」

「的確。」凱特說，「所以我們需要更多那樣的東西。」

「我明白了。但我覺得這本書沒有海豹那本有趣。」

「不見得每本書都得要有趣，但是書的內容必須是真實的。」她說，「我認為你需要告訴讀者的是你有什麼心得。」

「比如說修道士的智慧嗎？」

「對。」她說，「就像是你在那裡學到的東西，或者是這個經歷強化了你本來就知道的事情。我們需要做的是，提供讀者一些可以應用到日常生活中的東西。你知道的，就像總體的結論一樣。我們希望讀者能夠感受到你離開修道院時的感受。像『記住明天的感覺』之類的事情就很不錯，我真的很喜歡這一點。這是人們為什麼會買你的書的原因，而這也是你應該傳達的。」

「收到。」

第三部

在現實世界中可做的十件事

許多長距離行走之一

1.

#堅持做好每一件事

「最致命的性格莫過於半途而廢。」

——大衛．羅伊．喬治（David Lloyd George）[1]

離開凱特的辦公室時，我回想這趟旅程。這當中最大的收穫就是修道士們對小事情付出的努力一點都不馬虎。像鋪床、洗碗、掃地這樣的事情，都是盡最大的努力去做。有一句古老的格言說：「做任何一件事的態度，就是你做所有事情的態度。」每天做的一些小事情會塑造一個人的性格和毅力，而你做這些小事情的態度，就能顯示出你會成為什麼樣的人。

如我所說，有很多研究顯示毅力是未來成功的首要指標。所以，只要大家能更「堅韌不拔」，在生活中的許多事情上就會獲得成功。那麼，要怎麼做呢？

1 譯注：前英國首相。

從修道院回家以後，我和兒子拉澤在後院玩遊戲。我手上拿著一條流著冷冰冰的水的水管，要在他來回跑的時候對他噴水。玩了十分鐘後，莎拉喊我們進屋吃晚飯。

我趁兒子不注意，往他臉上噴最後一次水後，便丟下水管跑向屋子。走進屋子的時候，我腦子裡出現了一個對話。我對自己說，「沒有把水管清乾淨後掛回掛勾上，直接把水管丟在地上，也沒什麼大不了。我等一下再去做就好了。」

沒什麼大不了的，對吧？

錯。

那不只是一條水管。這件事反映出我會是什麼樣的人。把水管丟在地上不管，還跟自己說沒關係，等一下再做，我其實是在告訴自己「也許別人會幫我做這件事」，或者「有始無終沒關係」，或者「我拖到明天再做也無妨」。我基本上在腦海中創造了一個情境，告訴自己偷懶也沒關係，允許自己可以不把事情做完或拖延的這種惡習。

對所有人來說，這些小小的時刻每天都會發生好多次。修道士們擅長的就是做好這些小事。在新精舍裡，沒有絲毫的怠惰或拖延。**堅持做你可能不想做的事情，你就在大腦中創造了一個環境，讓你覺得自己可以做困難的事情**。你是訓練自己去克服障礙，而不是讓障礙阻止你。我腦子裡有另一個聲音說：「傑西，拿起水管，把它捲成一圈，掛在掛勾上。有始有終，做完這件事。你是個終結者。做任何一件事的態度就是你做所有事情的態度，這不僅僅是一條水管的事。」於是我走到外面，把水管捲起來放好。做完之後感覺真不錯，後院看起來乾乾淨淨，一切井然有序。我在那裡站了一會兒，欣賞我的後院。然後**啪嗒**！

兒子把一個水球無懈可擊打在我的頭上。

漂亮，拉澤，漂亮。

和斯塔夫羅斯修道士合照

2.

珍惜光陰

「時間往往是我們最奢望擁有，卻又最輕易浪費的東西。」

——威廉·佩恩（William Penn）

我在修道院的第一天覺察到的第一件事，就是我和時間的關係。我在華盛頓山時已經隱隱察覺到這個跡象，但第一天晚上坐在我的小房間裡，我很快就了解自己要在那裡待上十二億八千六百萬秒，這讓我大驚失色。我意識到我有很多的時間。不過，我真的擁有時間嗎？

美國男性的平均壽命是七十八歲，而我寫這本書的時候是四十九歲。這表示如果我活到平均壽命的話，那麼我還有一萬零四百九十五天可活。因為我大約有三分之一的時間是在睡覺，所以實際上我還有七千八百七十一天。那也沒什麼，只不過是二十九個夏天……而**我愛夏天！**

想到人際關係時，我們通常會想到人。我們與父母、朋友、配偶、孩子的關係如何？但很少思考**我們與時間的關係，對許多人（包括我自己）而言，這種關係往往是失衡的。**

我開始做一些規畫，想讓時間變得更有意義。我的父母都八十八歲了，我一年見他們四次。唔，如果他們能活到九十二歲（我希望他們能更長壽），那就意味著我只能再看他們十六次。這怎麼行呢。當你正確看待時間的時候，便會意識到什麼是重要的，你會重新安排事情的優先順序。於是我立刻訂了機票，準備去看他們。

修道院對我來說是一個巨大的沙漏。當你靜靜在小房間裡一坐就是好幾個小時，沒有任何干擾，你就會意識到時間過得有多慢。但當你住在大城市，過著超高速的生活時，常常你會突然發現孩子們都已經長大成人，這時你才會意識到時間過得太快。

你還有多少日子可活？這些時間你想怎麼過？你想和誰一起度過這些時光？隨著年齡的增長，這些問題對我來說越來越重要，我也越來越意識到事情的緊迫性。

「如果你無法活得久一點，那就活得深入一點。」——義大利諺語。

3.
#做好規畫

「計畫沒有價值，但規畫至關緊要。」——艾森豪

我在狗訓練中心跟在修道士們後面走的時候，清楚地意識到自己是和優秀的人在一起。新精舍的修道士們在訓練狗方面是世界一流，這一點不容置疑。親眼目睹這個過程非常有趣，因為這些狗狗在第一天訓練時完全不適應，但是離開學校時都是優秀的畢業生。

踏進修道院之前我知道一件事，就是當你四周都是佼佼者時——那就記筆記、集中注意力、提問題。這一點是我意外學會的。二十五年前，我以為成為一名優秀的音樂人的條件，與成為一名頂尖廚師或體操運動員不同。我不認為優秀有什麼藍圖可言，但是我錯了。

二〇〇一年，我和我的搭檔成立一家私人飛行卡公司，名為馬奎斯飛機公司。這並非易事，之後我們把公司發展成全球最大的私人飛行卡公司。儘管有這樣的成

就，但馬奎斯飛機公司給我最好的禮物，是能置身於那麼多各行各樣的佼佼者之間。乘坐飛機的人有全明星運動員、最成功的企業家和世界著名的醫師。我和他們在空中相處數小時，和他們聊天，了解他們的想法。

我總是問他們的日常安排：「早上做的第一件事是什麼？」或者「你如何安排時間？」我想深入了解讓各個領域中最優秀的人立於不敗之地的原因是什麼。從這些討論中，我發現了許多頂尖人才的共同之處。首先，幾乎所有的人都發展出一個長期而言對他們最好的規畫。海豹就有一個規畫，巴菲特有一個規畫，滾石樂團有一個規畫，而修道士們也絕對有一個類似於我接觸過的其他大師們的規畫。以下簡單的介紹一些：

1. **修道士們早起**。天還沒亮，修道士的一天就開始了。早晨我在教堂和他們一起做日課時，他們大都已經照顧好狗、靜坐，並知道自己當天要做的工作了。我問斯塔夫羅斯修道士為什麼要這樣做時，他說他一向喜歡和太陽比賽誰起得早。這和各個領域的菁英一樣，早晨對修道士們來說是妙不可言的。我回到家之後，開始在凌晨五點左右起床，出門安安靜靜的慢跑，但在大清早從來沒有在我家附近看到過任何人影。我為我所做的事感到自豪，並對自己說：「地球上有七十億人，但我是唯一起床並在街上跑步的人。」

擊敗太陽、戰勝挑戰。你不妨試著早起看看。

2. **修道士們做事有計畫**。每晚就寢前，他們都會寫下第二天的計畫。他們做事按部就班，把必須先完成的重要事情放在首位，認真完成這些工作後，再做下一件事。當天要做些什麼事，不是用猜的；每天都有一個計畫，而且會依計畫執行。我經常聽到這個話：「沒有計畫的目標，就只是一個願望。」

3. **修道士們做事有效率**。白天做事鮮少磨磨蹭蹭。時間是神聖的。我沒有見到有誰在修道院裡閒嗑牙。修道士們以極致專注力做事情。我想到自己老在健身房裡消磨時間，和我的教練閒聊，或者四處走動，想著接下來要做什麼。如果我把這些思考時間加起來，相當於浪費了好幾星期的休息時間。修道士們非常有效率的度過每一天。

4. **修道士們不會慌張**。當斯塔夫羅斯修道士的車陷在雪地裡時，大家都沒有驚慌，也沒有人叫某某某來幫忙，而是團起來，合力把車子從雪裡推出來。這件事看起來雖然沒什麼大不了，但他們解決問題的方式讓我有了省思。他們在解決所有問題時都是沉著慎重，沒有人生氣、懊惱或沮喪，並群策群力的完成它。我在許多傑出的企業家、家長和教練身上看到的是，他們面對問題時不會恐慌，在壓力下依然能好好的工作。

電影之夜和修道士們一起看電影

4.

#尋找快樂

「快樂非關體驗，而是記憶中的種種。」

——奧斯卡．雷文特（Oscar Levant）

踏進修道院還不到三十分鐘，克里斯多福修道士就問我是否快樂。我很確定快樂不是我當時想要尋找的東西，因為我已經擁有快樂，而我是快樂的（一位朋友最近告訴我，我是他見過的最快樂的人）。但是克里斯多福修道士也說了一些話，引起我的共鳴。他認為太多人有意無意地限制了自己的快樂。

「快樂若是沒有蓋子的話，豈不妙哉？」他問道。

是的，是的，會很美妙。

所以他讓我思考。要如何揭開快樂的蓋子？

愛因斯坦在榮獲諾貝爾獎後，投宿於日本的一家酒店裡。當行李員把行李送上來後，他意識到自己身上沒有錢，於是便找了一張廢紙，寫下他如何快樂生活的理論，然後把這張紙遞給行李員當作小費。這張字條上寫道：「平靜而謙虛的生活比追求成功和永不停歇更能帶來快樂。」

在這個時代，想要過平靜的生活說易行難。我從修道士們那裡學到了，你可以在白天找到平靜，而很多小小的平靜可以打開通往快樂的大門。請恕我直言，愛因斯坦，我認為人可以像追求成功一樣追求快樂。

不久之前，我在為一場演講準備講稿。基本上我是一邊跑十六公里，一邊在腦子裡擬講稿。大約跑到五公里時，我開始懷疑是否有量表能夠衡量快樂。衡量生活中其他關鍵領域的方法有很多：體重是站上磅秤量的，收入是經由納稅等級來衡量的，智力是經由智商測驗來衡量，但卻沒有簡單的方法可以量化快樂。

這個想法隨著我邁出的每一個步伐逐漸形成。人們花了無數的時間去做那些讓自己開心的事情，卻很少花時間去改變那些讓自己不開心的事情。我寧願看一場足球比賽（讓我開心），也不願解決自己的難題（讓我不開心）。

當天晚上，我在臺上面對一千位非常有成就的人演講。這些人擁有自己的企業，身價很高。理論上來說，這群人是最可能在「快樂」的框框裡打勾的人，所以我提出了一個問題：

「想一想你生活中所有的事情：你的健康、人際關係、工作、財務等等，**所有的事情**。現在，在一到十的量表內，在快樂指數中，達賴喇嘛是在十分中得十分的人，而在最底層的是一分的人，你的快樂指數是多少？」

三十秒後，我說：「我們沒有必要讓任何人難堪。這樣吧，七分以下的人請起立。」

驚人的是，房間裡幾乎每個人都站了起來。一千位非常成功的執行長和企業領袖給自己打的分數是七分或更低。

「十分裡有七分聽起來不錯，對吧？」我對著麥克風說，「可是如果你的孩子數學考試考七十分，那就是C。如果你的數字是六，那麼你生活中最重要的部分——快樂，就是百分之六十和F。」

讓我感到驚愕的是，在座有這麼多人似乎對七分感到心滿意足。他們沒有意識到自己是按照這個類別的指標在生活。然而，這個測試的驚人之處不在於分數，而是在於你經由這個測試去做確認。在做這個測試時，你的大腦會自動從十開始，因為它希望你快樂，可是接著就會立刻用生活中兩、三件讓你不快樂的大事來扣分。你不妨試試看。

導致你不快樂的事情會自動出現在你的腦海中。任何事情都有可能：體重過重、沒有錢、不健康的人際關係、不稱心的工作。最早在你腦海裡的事情冒出來的那兩、三件事，就是阻礙你變得更快樂的事情。拿掉一件，你的快樂分數就會脫穎而出來到B。拿掉兩件，你就會成為全班之冠。第一步是確定是什麼事情讓你變得沒那麼快樂。當你開始著手消除障礙時，你就進入了A⁺的下一步。

我已經知道讓我快樂的是什麼（家庭、工作、自我挑戰），但是經由靜坐、一次做一件事、以及清理腦海中雜亂的思緒等等，修道士們教我如何看清楚讓我不開心的是什麼（太多分心的事和干擾，對時間的侵犯），並顯示我需要改變什麼。不停的確認和改進。只要你願意，這件事做起來挺簡單，就是從克里斯多福修道士問我的一個問題開始：「你快樂嗎？」

5.
#避開箭矢

「一遍又一遍的重覆，直到它成為你的一部分。」——佚名

有趣的是，我在修道院學到的最好的東西不是來自修道士，而是來自一條狗。還記得我在藍波受訓的時候嘗試分散牠的注意力嗎？和我們大多數人一樣，藍波在開始訓練時很容易分心。牠會很自然對沿途遇到的任何刺激作出反應。一隻松鼠從牠身邊跑過，牠毛茸茸身體裡的每一根纖維都想撲向那隻松鼠。若是來了另一隻狗呢？你他媽的怎麼能指望牠能不去理會？這是藍波的本能反應，但並非所有的本能都有用。

多默修道士訓練藍波完全忽略沿途可能讓牠分心，使牠無法走到目標的干擾。他解釋說：「我在訓練狗屏蔽噪音，一直往前走。」這與人們的生活不同，人們大部分的目標都因為沒有屏蔽噪音而動搖。我們沒有受過不去理會這些分心事物的訓練；我們會去聽反對者的意見，而被各種各樣的事情牽著鼻子走，也會因為瑣碎的

事情而分心。最終，一旦分散注意力的事情累積得夠多，就會達不到目標。

我把生活中分散我們注意的事情稱為「箭矢」，但我是在遠離這些箭矢之後，才意識到自己是如何受到它們的狂轟濫炸。我意識到我每天是如何受到攻擊。隨便哪一天，我都在躲避一些不必要占用我時間的要求、我自己的負面想法、還有生活環境等。這些攻擊來自四面八方。

我發現我們收到的許多個人請求都是單方面的，目的是想要從我們這裡得到一些東西。別誤會，我一直是在等式的那一邊，幫助別人能讓我在生活中獲得成功。我知道建立關係的重要性，也明白幫助身後的人走向成功的重要性，但是如果答應太多的請求，就會占用你達成目標的時間。

在個人挑戰中也有箭矢向我們飛來。假設你正在為一場比賽進行訓練，而訓練計畫要求你晨跑。早上很冷、可能下雪了、外面很黑——這些都是箭矢，都是不出門的理由。重要的是，當這些箭矢出現時，你要確認它們的本質。實現大目標的一個關鍵，就是避開障礙，避開那些箭矢。

最後，日常生活中也有一些箭矢朝你飛來，像是馬桶漏水、汽車無法發動、老闖惹人厭。雖然這些讓人分心的事可能無法避免，但並不會阻止你實現目標。有時箭矢是你沒有的東西：想去度假卻沒有錢；想創業但沒有經驗；或者想去上課但沒有時間。這些類型的箭矢會在路上阻止你前進，但其實無需如此。**藍波沒有止步，因為牠自己沒有任何食物，所以只是繼續往前走，相信前面的某個地方有食物在等著牠。**

我看到藍波和多默修道士一起走的時候，牠無疑是很開心的，整個身體很有勁的起伏。但學會不對這種本能做出反應是需要練習的，這相當不容易。若是你有一個目標，就不要讓被其他事情分散注意力。**要想成功，就必須關閉所有向你襲來的噪音。**藍波必須接受訓練，我們也一樣要訓練。

最佳夥伴

6.

#去一個可以好好思考的地方

「思想：靈魂在同自己交談。」——柏拉圖

我真心認為思考是一門消逝的藝術。時至今日，人們可以從谷歌、Siri和Alexa（如果你是用音頻聽這一段，Alexa還有可能是自動播音）得到答案，但是有很多人並沒有真正花時間思考。然而，給自己時間去思考是人們能做的最佳投資之一，而且沒有風險。

在修道院的那個晚上，當克里斯多福修道士告訴我在接下來十二個小時裡要好好思考的時候，我是不知所措的。當時我的「思考」是一個漫無目標的過程，占用太多的心神。我不知該如何是好。但在兩周的時間裡，我一直在思考「思考」這件事，主要是因為我是被迫去思考——沒別的事可做。

我發現我在修道院大部分的時間都是一個人獨處。但在現實世界中，我還得找時間才能獨處，而且必須找到一個我能夠自在獨處的地方——一個我想要獨處的地方。如果不鍛鍊思考的肌肉，它就會消失，我就不知道該如何清楚的思考。

我老婆在她的車子裡可以進行最佳思考。我們住的地方離她的辦公室三公里遠，開車只消十分鐘，但是莎拉卻製造了四十分鐘的「假通勤」，以便思考（我想知道她是不是在開車的時候想到這個主意的？）她在車裡安裝了攝影鏡頭，這樣就可以在開車時大聲說出自己的想法，而不用擔心會忘記。

對我來說，最好的思考時間就是跑步或步行。最近我計算了一下，過去二十五年來我幾乎天天跑步，跑了將近有五萬七千六百公里，相當於繞著地球走了一圈半，一個人獨處的時間差不多有九千小時，而且那是思考最清晰的時候——雙腳重重踏在人行道上、小路上、跑道上時。倘若沒有這些時間，我想我的人生不會有現在的成功。這對我來說就像是強迫性靜思，而這就是我跑步時不聽音樂的原因。我可以經由聆聽我的腳步聲來理清思緒。通常只要跑個幾公里，身心就會合而為一。我完全聚精會神，與周遭的世界步調一致，一切清清楚楚。

我想出了一些東西，比如家人的萬聖節服裝、演講時的演講稿、解決工作上的問題、找出最好的補救辦法、為商業冒險開創新的想法——全都是在跑步的時候得出來的。我一跑完就把它們寫在筆記本上。把想法白紙黑字寫下來可以讓頭腦清醒，釋放能量。我從中學到了**當你進入狀態時，就待在那裡！**思考很清楚的時候，就一直想下去——延長思考的時間。這時候就該跑得久一點。

我從修道院回來之後不久，有一天我打電話給特尼，問他過得如何。我們聊了一會兒，他便開始講述他正在寫一篇文章，他如何與寫作障礙奮戰，如何沒有半點靈感，如何一個字也寫不出來，一天下來的工作成果是掛了一個大大的零。他被打敗了，覺得自己恢復不了。

「特尼，」我說，「你都是在哪裡想到最好的點子？找到答案？想清楚事情？在哪裡？」

「嗯，」他說，「在廁所裡。」

「那麼，」我說，「就給我坐到他媽的馬桶上。」

三十分鐘後他打電話給我，說**問題解決了！**

克里斯多福修道士和其他修道士讓我思考「思考」這件事。思考是一種技能，一門技藝，一門藝術，是可以經由練習去努力和改進的。所有的人都有機會成為更好的思考者。去你認為最有利自己思考的地方，多花一點時間待在那裡吧。

打掃客房。一次做一件事

7.
#一次只做一件事

「成功的戰士，就是極度專注的普通人。」——李小龍

斯塔夫羅斯修道士第一次讓我洗碗是在靜修後。我想知道最快把所有碗都洗完的時間會是多久。

「用兩隻手洗，同時用心祈禱。」他說。

等等，這是什麼跟什麼啊？

我不知道他到底在說什麼，也沒有時間去搞懂。我有非常多碗盤要洗，還有紀錄要打破，於是打開水龍頭，抓起海綿。修道士們中午為一百多人供餐，所以我開始飛快的洗起來。我洗啊洗的、抹乾、再洗、再抹乾，然後洗完的碗盤便像單人洗車作業線那樣的堆疊起來。盤子、鍋子、杯子，他們有什麼，我就洗什麼。要是旁邊有一個修道士站在那裡，我會連他一起洗。

每次我以為盤子少了一點，就有一個修道士又捧著一堆髒盤子進來。後來一個

餅乾托盤卡在兩個水槽中間，打亂了我改寫紀錄的速度。另外，我的腰也酸得要命。洗碗時，我的腦中全是雜念，在想下午要做的雜務、剩下的時間、天氣有多冷等。

我錯了，我並沒有用修道士的方式來做事。

在修道院期間，讓我納悶的是這些修道士哪來這麼多的活力和努力。他們做每一件事都很有效率。答案就在於他們一次做一件事，而且還做得很完美。修道士們做事滿懷熱情，但一次只洗一個盤子。洗每一個盤子的時候彷彿這個世界就只有它了。或許就是如此？他們洗得全神貫注、聚精會神，不受干擾。**他們的作法不是付出更大的努力，而是了提高了專注力。**工作絕非賽跑，沒有終點線，有的只有現在。

而我呢？我和他們做事的方式是千差萬別。我們生活在一個充滿待辦事項清單的世界裡，被這些清單淹沒，產生短路，要把事情全做完實在相當驚人啊。有時我都不知道要從何處著手才好，自然的反應是什麼都要做。不過，就算讓我試著把事情全做完，我還是會留下一件事，留到之後會回頭來做。當我接下一項工作時，就想要盡快完成，這樣就能處理下一件事。對我來說，一切都像是一場比賽。我認為重要的是，在一天之中能做多少就做多少。**我關注的是數量，而不是質量。**

修道士們生活在一個高質量的世界裡，沒有半途而廢的工作，每一件事情都是盡其所能去完成。一次做一件事使人盡力而為，帶來更好的成果和滿足感。格利貴修道士又捧來一堆盤子，我問他我還得洗多少盤子。

「你只需要洗一個盤子，」他說，「就是你手裡的那一個。」

我在成年後的大部分時間裡，一直試圖成為一名出色的一心多用者，但現在我不想了。我不要做這樣的人了。我盡量一天做多次單一工作就好。

與默爾谷修道士合影。我瘦了四、五公斤

8.

#和自己訂合約

「真正能夠傷害你的敵人在內不在外。」——非洲諺語

我們在一條石板路上邊走邊說，多默修道士告訴我所有修道士進入修會時會發的四個願。他提到貞潔時，我的第一個念頭就是我萬萬不會放棄性生活。這讓我意識到建立和信守自己絕不妥協的事情的重要性。修道士們嚴格的戒律給了我一個想法，就是要有一套屬於自己的誓約。所以，在修道院的最後一個晚上，我決定撰寫一份**「和自己的合約」，這是一張我想要如何過這一生的單子。**

我每天早上都讀這份清單給自己聽，這對我一天的工作很有幫助。這麼做只需要一秒鐘，但是好處卻持久不衰。以下是我和自己的合約內容：

我早晨要做的第一件事是感謝上帝。

我要感謝有這一天。

今天我要做最好的自己。

我做任何事情，都要全力以赴。
我要活在當下，要有耐心。
我要當我孩子們的老師。
我要做一個好兒子、好兄弟、好朋友。
我要對妻子付出。

我這輩子簽過很多合約，但從來沒有和自己簽過。寫一份這樣的合約感覺很好，而信守這份合約的感覺更好。

9.
#放膽去做

「要理解人生，需要往後看；要過好人生，必須往前看。」

——索倫．齊克果（Soren Kierkegaard）

修女們於一九七一年建造了他們的家。他們在鎮上上了一門木工課，學習如何蓋房子，也動手製作許多日常使用的書桌、餐桌。我問他們在沒有任何經驗的情況下是如何做到這一切的時候，則濟利亞修女說：

「需要是發明之母。」

你知道有時候聽到某人說的話時，會覺得他們說得太讚了嗎？當時，我看著則濟利亞修女的眼神，就像在看洋基隊強棒艾倫．賈吉（Aaron Judge），而且她剛剛揮棒把球打過洋基體育場的中心牆。哇——沒有比這個說法更實在的了。需要是發明之母。

修道士們在沒有任何實際經驗的情況下就進入了狗的育種行業。事實上，他們唯一的經驗就是克爾，也就是他們最初養的那隻狗。然而，他們卻發展成為美國最著名的德國牧羊犬育種計畫之一，並躍為世界著名的馴狗師和《紐約時報》暢銷書的作者。而這一切的一切——全無經驗可言。

他們還不是唯一如此的人，理察・布蘭森、愛迪生、桑德斯上校、瑞切爾・雷、林肯、邱吉爾、歐普拉都有一些共同點，就是在自己沒有經驗的領域裡成就非凡。我可以舉一個又一個例子，說明在商業界、體育界和生活中，有些人在沒有經驗的情況下獲得了驚人的成功。我的妻子莎拉就是一個很好的例子。

他們是怎麼做到的？唔，也許**他們成功最重要的因素是不浪費時間去想自己不可能成功。消極會阻止人追求夢想。**消極是追夢人的對立面。即使你沒有自信，也要保持積極的心態。我喜歡把電影的結局（我的目標）記在腦子裡，然後邊走邊寫劇本。即使腳本需要重寫，目標也保持不變。表現出一副你一定會成功的樣子，那麼你就很有可能會成功。

修道士們不會說「我對木工一竅不通」、「我不知道怎麼養狗」。他們只會說「有個修道院是個好主意」、「繁殖狗會是賺錢的好辦法」，然後便全力以赴去做。

也許沒有經驗的好處就在於成功的速度比有經驗的來得快！如果莎拉去上商學院，學習縫製服裝，然後又學一門產品標籤的課程，才想出Spanx這個名字，那她就用掉了半輩子的時間。那時，別人可能早已經想出這個主意，或者她也開始有了消極想法。

可是她沒有這麼做，而只是放手去做。當你沉浸在一個很熱中的想法裡，並且隨時做好準備時，身體的每一個細胞都會成為周圍刺激的受體。就像海豹讓我跳進冰封的湖裡一樣。我立刻變得比以往任何時候還要警覺，我的求生本能開始發揮作用，變得異常敏銳。

另一點是，在沒有經驗的情況下展開一個新事業，或者甚至是一段關係，你會本能地想要生存下去。對於這些修道士來說，這是攸關生死的選擇。當修道士們開始進行狗的繁殖事業時，便閱讀所有相關領域的書，讀完一遍又一遍，並且打電話向全國各地的繁殖場請教。開始訓練狗之後，他們也做了同樣的事情。我相信自學是最好的學習方法之一。當你既是老師又是學生的時候，就不能偷懶。

要有經驗這件事被看得太過重要了，有時取得經驗需要花一段很長的時間。如果你受到感動要去做某事，那就馬上去做。你最不需要擔心的是你從來沒有經驗。大多數人都希望等到自己擁有足夠的經驗，或者等到自認是最佳時機到了才去做。然而這個所謂適合的時機卻鮮少出現。所以，當則濟利亞修女說：「需要是發明之母」時，我完全認同她的想法！

廚師喬希偷拿給我的。這就是那些小事情

10.

#創造你的優勢

「過去是吸取教訓的地方。未來是應用教訓的地方。」——佚名

離開修道院時，阿爾弗雷多問我感覺如何。我認為他期待的回答是專注、或是平靜、甚至放鬆，但那並非我的感覺。

「我感到自豪。」我說。

坐車離開時，我繫著安全帶坐在車裡，長歎一口氣，然後莞爾——那是得意的笑。我知道我是成功歸家。我把這個挑戰擺在面前，試圖在這個挑戰上鍛鍊自己，並堅持完成挑戰。我為自己有勇氣來到修道院，堅持到底，盡了最大的努力而感到自豪。

努力是真正值得自豪的——而非結果。

我曾經在朋友路易斯·豪斯的播客上聽到一位嘉賓說，他每天醒來都會對自己說：「今天我要盡最大的努力做好每一件事。」然後，每天臨睡前他都會自問：「我

今天真的盡力了嗎？」如果這兩個問題的答案都是肯定的，那麼他認為那天是很美好的。想想看，我們不能永遠控制結果、成果，但我們可以永遠控制自己的努力。我相信每天盡最大努力是衡量成功的一個好方法。

修道士們每天的努力無可匹敵、有感染力，而且非常成功。他們每一天都是盡己所能，不管做的是什麼工作。你只是想鋪床鋪嗎？還是你想要像修道士那樣鋪床？兩者大有區別。我開始真正理解修道士們的決心之後，便開始感到自己的思考發生了轉變。

在修道院時，這個思考激勵我許諾盡量和那些專注於努力的人在一起。我想在生活中繼續推進這個元素。努力就是一切。我想和那些不走捷徑的人在一起，在每天結束的時候都感到自豪。你或許不認同修道士們所有的信念，但不能質疑他們的紀律。他們的能量是具有感染力、能鼓舞人心的。

修道士們因為努力，而具有優勢，一種內在的優勢。當恐懼或內心的那個惡霸潛入腦海時，你的大腦便可以用這記右勾拳擊敗恐懼。獲得優勢就像是在腦門上蓋上一個「我搞定了」的刺青，有需要便可隨時取用。**踏入未知，以及不斷做一些難**

以完成的事情時，你就會獲得優勢。

我在生活中的優勢主要來自於對自己體能的挑戰。這種優勢不同於修道士。經常有人問我，為什麼我這麼喜歡挑戰。也許是因為從這當中我都會對自己有所了解，也或者是因為我是個腎上腺素迷。但當我看清自己的內心時，就能把這段經歷用於未來的努力。

過去的挑戰給予了我信心，讓我昂首闊步，這是我從讀書、聽演講或參加會議中所得不到的。這些挑戰教會我如何獲得自己的勇氣，而創業、辭職或承擔任何風險都需要同樣的勇氣。

驅車來到修道院時，我緊張得胃疼。就像我在大型會議或站在馬拉松起跑線前的感覺一樣。我害怕前方的未知，擔心可能發生什麼——會發生什麼。但我也知道，同樣的感覺意味著一個成長的機會即將到來。在最後一天我離開時，我知道我又獲得了另一個優勢——修道士的優勢。

這個經驗讓我的優勢再往上提升。多謝了，各位修道士！

第四部

全新的開始

別告訴莎拉，我們要列入候
補名單！

建立人生履歷表

離開凱特的辦公室後，我連忙趕赴拉瓜迪亞機場，想趕下一班飛機回亞特蘭大。和編輯的會面得到了有建設性的意見，並富有成效，但我仍然不能百分之百確定可以寫得出一本書。感覺還缺了點什麼，我需要時間來弄清楚那是什麼。在飛機上，我拿出筆和日記，翻到空白頁，寫了起來。

我喜歡修道士的地方是：

1. 修道士們一次只做一件事。
2. 修道士不趕時間，他們做事緩慢而謹慎。
3. 修道士不投機取巧，他們按部就班完成事情。
4. 修道士看似做得少，但實際上做得更多。
5. 修道士們保持冷靜，他們不會驚慌失措。
6. 修道士很能夠獨處，而他們喜歡獨處。
7. 修道士們學習各式各樣的技能來促進成長。
8. 修道士們花時間靜坐。

9. 修道士臉上有笑容。
10. 修道士生活簡單。
11. 修道士不浪費時間。
12. 修道士有穩定的團體和共同的大家庭。
13. 修道士熱愛生活。

飛機開始滑行，慢慢駛向跑道。我想這得用一種有創意的方式來講述這個故事才行，得找到一個像修道士那樣的方式。空服人員做最後一次的確認，提醒大家繫好安全帶。我闔上日記，放在座位下面。最後機長告訴大家，下一個便輪到我們起飛了。

我有很多事要做，但要等到我能去一個可以好好思考的地方。

第二天晚上，我在我家附近跑步。天氣反常的暖和，所以跑個十六公里好像挺不錯的。跑步時，我想到修道士們，不知道他們在做什麼，有可能是在教堂裡唱詩歌，開始做晚課。藍尼可能在焚香。我不斷胡思亂想，但仍繼續跑步。

等腦子清醒之後，我意識到自己只是聚精會神注意雙腳踩在地上的節奏。其他一切皆已消逝，就和靜坐一樣。然後，我和凱特的對話突然在腦海裡重播，隨之而來的便是這本書的架構。我跟她說就用說故事的方式把它寫下來吧，就這麼辦。華盛頓山的冒險在腦海裡出現，我看見自己和警察凱文站在山頂。就是這樣——就是這樣。和大多數偉大的靈修之旅一樣，這段旅程始於山頂。我朝家裡跑去。

我穿著短褲和T恤，汗流浹背，心跳加速，坐在椅子上開始勾勒大綱。

我喚醒心中的修道士，一次做一件事，目標是每天寫稿，一周完成一章。我把一天二十四小時做成一個餅狀圖，然後分出三、四個小時寫稿。在那段時間裡，我唯一允許自己做的事情就是寫這本書的稿子。

我關上辦公室的門，電話關機，Wi-Fi也關閉，排除可能會讓我分散手頭工作注意力的一切。一開始只是在一些紙上寫出一些單字，是一股意識流，雜亂無章的想法和故事，但慢慢地，故事開始形成了。刪除句子，添加場景，紙張上的文字開始成形。一天中的其他時間則用來經營我的生意和躲避箭矢。

晚上不寫稿的時候，便和家人在一起。這是我必做的事情之一。我陪著莎拉和孩子們，我們玩棋盤遊戲，在院子裡跑來跑去，就像在一九八五年——沒有任何分散注意力的事情。有些時候，我和自己獨處——坐在沙發上看老鷹隊比賽。這是看的時候有罪惡感，但又樂在其中的愛好。**我意識到，如果未來三十年每天撥出一小時，我將會有大約一萬一千個小時的「個人」時間。**那是整整一又四分之一年的時間。想像一下，騰出整整一年的時間去做你想做的事情會是什麼情形。

我每天起床去上班，從目標中獲得能量，並投入這個過程。我告訴自己，在實現目標的過程中（在完成之前），我要把這本書作為日常生活的一部分。這不是雜務，而是一種生活方式。當然，有時我想偷偷懶，但我的電腦上有一張隨手貼上面寫著：**記住明天。**這個作法總是能幫助我度過一關，於是我的進度超前，在兩周內完成了前六十頁。

開始清理日記後，我意識到在修道院的經驗或許能幫助別人。我們都可以喚醒內心的修道士，放慢時鐘，打開快樂的蓋子。我們可以成為更好的聆聽者，可以從生活中得到更多。這意味著走出去做一些事情，去冒險。而這正是我在做的。

但是你會有很多理由不這樣做：要照顧孩子、年紀愈來愈大、「不知道我在做什麼」。藉口會快速堆積，但是別去理會那些聲音。在你自己的腦子裡痛打那個惡棍。一旦下定決心要抓住這個機會，就立馬抓住它。特尼跟我說過，有毒癮的人同意去勒戒所時，最有效的作法便是立即開車送他們去機場。他說，從統計資料來看，有毒癮者若是沒有立刻出發，那麼他們最後不去戒毒的機率每一小時都會倍增。這是因為有毒癮者會去聽為什麼不需要去勒戒所的各種藉口。我想同樣的事情有時也會發生在所有的人身上。時光一去不回頭啊。迫切性是我們的朋友，我們就該以朋友相待。

我把六十頁縮減到四十頁，因為我把無關緊要的部分都刪除了。讀懂自己寫的東西並保持客觀的觀點並不容易。有時候我認為寫得很好，有時候又覺得遜斃了。但是我需要專注於這件工作，不去聽那些聲音。那個在我腦海裡的惡霸比利，他在對我喊停，或者在對我說寫這本書一點好處也沒有。

這本日記需要再多下一點功夫，但我認為保持真實性很重要。真實性重於一切。我不想寫得太過了。這必須是日記才行。我想找機會做更多說明，並觸及那些在我腦海中但從未形諸筆墨的想法。我繼續寫下去。

回來以後，我經常被問到的一個問題是：我有沒有改變？**我沒有改變，但我拓展了自己。現在我的大腦相簿裡有一系列的記憶，隨時可以運用。**我獲得隨時可以利用的洞察力。當然，我已經有所變化，但這只是就慰藉我的靈魂的意義來說。

在修道院裡得到的另一個重要恩賜是耐心。現在，當我必須出席一些耗時間的約會或做一些我過去認為是浪費時間、做來痛苦的事情時，做起來就像在公園散步一樣輕鬆。我現可以毫不猶豫的一次坐上三、五個小時，長途駕車——沒問題，在底特律停留五小時——小菜一碟，參加主教婚禮——輕鬆面對。我過去常常分分秒秒都在和那些時刻抗爭，但現在，我對時間有了不同的看法。

在某些方面，住在修道院的體驗類似我與海豹相處的經驗。當時我強化了堅韌的意志，而這次在修道士們的幫助下，我培養了平和、寧靜、無需煩惱的心境。

這短短的十五天，我獲得了專注在人生中真正重要事情上的方法，並且明白自己擁有的許多煩惱都是無關緊要的。這段經歷改變了我以往的人生，讓我知道該如何活在當下，以及運用在修道院裡得到的啟發，用心度過每一天。

*

昨晚我兒子發燒了，我們夫妻倆知道要熬一個漫長的夜晚。

「對不起，我無法陪他，因為我要去機場了。」莎拉說，「你可以嗎？」

「你有什麼好對不起的？」

這事做起來很簡單。我每小時把兒子叫醒一次，幫他量體溫，確定他沒事。我那晚總共可能只睡三個小時，卻不覺得慘。我很感恩我能夠照顧我的孩子——這是一個恩賜。**做爸爸是我的選擇，這意味著要承擔隨之而來的任何事情。**發燒是這個過程的一部分，是不可避免的。但如果沒有住在修道院的經歷，我可能不會這麼的淡然，而可能會埋怨、發牢騷。

今天早上，我很高興地告訴大家，兒子已經感覺好多了。

接下來的一個星期，我整理日記，寫下所有的心得，亦即我學會的常規、習慣和心態。但這是一種不同的寫作方式，所以我必須改變一下方法，用我不習慣的方式。我在第一本書中，主要是以敘事的形式寫作，和寫韻文童謠完全是兩回事。幸好，不需要經驗——於是我就這麼寫，三星期後寫完了。寫得並不好，但是修改總比面對兩百五十頁空白容易多了。

初稿完成。

*

次日，我從這本書的寫作中抽出一點時間，去當地鄉村俱樂部開會，也順便透透氣。我有一次讀到，史蒂芬・金（Stephen King）喜歡在完成書稿後，把手稿藏在抽屜裡六星期，但我不是史蒂芬・金，而且有一個不適合把稿子藏那麼久的交稿期限。我把車開進大門附近的停車場，鎖好車，然後過去。

我有個約會或者說是會議；事實上我不知道該怎麼稱呼它，應該更像是面試吧。可以肯定的是，這不是使命。我受邀加入一個會員制的企業家俱樂部。這並不是我主動去找的，但對方找上我的時候，聽起來挺有意思的——有可能對雙方都有利。這幢大樓裡面確實有郊區鄉村俱樂部會有的氛圍——優雅的建築風格，散發著出身富貴的貴族氣息。前檯那位衣冠楚楚的男士把我領到會議室。走過紅地毯時，我可以想像得到這個地方夏天會有多熱鬧。我可以看到孩子們穿著泳衣到處跑，還有穿著高爾夫球裝的男男女女，但今天裡面沒什麼人。我經過一對朝我微笑的老夫婦，接著看到幾個因為沒去上班而有一點心虛的商業人士。

進入正式會議室後，我看見泰德站在那裡等我。他的年紀和我相當，看起來大學時代有可能是共和黨青年俱樂部的成員，外表看起來比清潔產品還乾淨。我敢說如果把他頭下腳上的倒過來，他那一頭髮線分得整整齊齊的棕色頭髮可以當抹布用，或者你可以把他掛在你的後視鏡上，當作空氣清新劑。他是那麼得體，握手有力，牙齒潔白有如珍珠。我立刻覺得我可以看清這個人。看清的意思是說，我知道他喜歡什麼、做事的方式、他要尋找什麼。這傢伙是個不折不扣的生意人，而且他大概不會用「傢伙」這兩個字。

我們坐了下來。

他說明俱樂部的運作方式，以及他們在尋找什麼樣的人選。他們不僅希望在全國建立網路，還希望找到幫助會員成功的協同效應。這聽起來像是「男女交友網路」，意思是如果你是會員，那麼幾乎在每個行業中，你可能會有一個可靠的訊息提供者。我以前從未參加過商業俱樂部，但他對這個概念說得愈多，聽起來就愈吸引人。最後，我們開始岔題聊一些私事。泰德是個顧家的人；他散發出一種高道德操守的氣質。我喜歡他。他說完要說的話之後，就會微笑，然後微微的上下點頭。

「那麼，」泰德說：「我可以看一下你的履歷表嗎？」

「我的履歷表？我沒有履歷表。」

「沒有履歷表是什麼意思？」他問道，「人人都有履歷表的啊。」

「噢，我沒有。我不相信履歷表。」

他看著我的樣子有如我剛才告訴他世界是平的，所以他懵了。等他從震驚中恢復過來後，我告訴他我不信任傳統觀念的履歷表。我認為有一份人生履歷表更重要，你知道的，像收集一些瞬間、創造經驗，做更多的事情。我認為這才會真實的反映出你是怎麼樣的人。他沒有表示不同意我的看法，於是我繼續往下說。

「你知道嗎？人事招聘人員一般只花六秒鐘瀏覽求職者的履歷表。」我說，「六秒鐘。用六秒鐘來決定某人是否適合這份工作。我雖然不了解你，但我認為這個時間並不足以評估一個人一生從事的工作。如果人們把更多的時間集中在工作的體驗上，他們會更有深度，甚至可能幫助他們找到理想的工作。」

「有意思。」

「是的，如果我們顛覆這個模式，花更多的時間來建立人生履歷表呢？」

「那麼，」泰德說，「你**人生履歷表**上的第一份工作經歷是什麼？」

「是跳霹靂舞。」我說，「一九八五年我從長島開車到華盛頓特區，賺進四十一美元。這是我生命中最棒的經歷之一。」

顯然這是他第一次在會員資格的會晤上討論霹靂舞。

我跟他講了我和朋友邁倫說服我姊姊開車穿過好幾個州的州界去跳霹靂舞掙錢的故事。我不到三分鐘就講完了，接著又告訴他我二十七年來中午以前只吃水果，我和小學的朋友到現在一直有連絡，我以前曾管理我最喜歡的音樂團體 Run-DMC，我跑一百六十公里，我跟一個海豹特種部隊隊員一起生活三十一天，還有我剛剛和修道士們生活了兩星期後回來。修道士在那裡住了五十年。

「哦，對了，」我說，「我有老婆、四個小孩子，對生活充滿感恩。」

泰德張著嘴。他有一口完美的牙齒，這口牙齒肯定花了他父母一大筆錢。

「你是說你和一個海豹特種部隊隊員住在一起？」

「對，還寫了一本這個生活經歷的書。」

「你剛從修道院回來？」

「對。那些和我住在一起的修道士還繁殖德國牧羊犬和訓練狗。」

「德國牧羊犬？」

「哦，而且修女們還做乳酪蛋糕。」

「他們做乳酪蛋糕？」

「很好吃。要是你喜歡吃的話，我讓他們送一盒給你。你喜歡吃乳酪蛋糕嗎？」

「呃，不太喜歡，但你怎麼會跑去住修道院住？」

「你看過羅賓．夏馬（Robin Sharma）寫的《賣掉法拉利的和尚》（*The Monk Who Sold His Ferrari*）嗎？這是一個律師的故事，他失去一切，卻找到了自己。」

「沒看過，但這就是你去那兒的原因嗎？去找到自己？」

「不是，我去那裡是想要尋找一種更有意義的生活方式。」

「那你找到了嗎？」

「我的發現是，我本來就知道如何過有意義的生活。這就好比說是線路早就架設妥當，修道士他們只是告訴我開關在哪裡。別誤會我的意思，我們不是天生就要當修道士的。我去那裡是要去向修道士學習。這就像那些可以送到你家，幫你找到國籍的ＤＮＡ檢測套組，但不一樣的是，我只想讓我的ＤＮＡ裡有百分之十的修道士，而不是百分之百。」

我用十五分鐘告訴他我的經歷，然後提到我正在寫一本關於這個經歷的書。他被我的經歷吸引，告訴我說他總是幻想有一天能去閉關，但就是抽不出時間。他不斷的向我提出問題，我也不假思索的回答他。

「這就是我之所以認為人生履歷表更重要的原因。」我說，「想想看，如果你在上班，你想要誰在吃午餐時坐在你旁邊——是一個周末去監獄當志工並在家裡有一個畫室的人，還是一個一輩子都在搗弄數字和分析經濟的人？」

「監獄畫家？」

「我同意你的看法。而且我認為建立關係網已經變得膚淺。」我說，「每個人都非常關心如何在社交媒體上與人交流、增加粉絲、收集名片、在雞尾酒會上盡可能的和很多人握手。但是當你並不真正認識這些人的時候，這種關係網能有多強大？當然，一起喝喝咖啡是很好，但我仍然認為你需要更深入一點。這就是經驗為什麼如此重要，尤其是和別人一起合作的經驗。現在我可以打電話給那些和我關係深厚的人，我可以指望他們，不是因為我買貝果請他們吃，接著又發了感謝信給他們，而是因為我有真正的交流，你要說是活在當下也行，還有能持續一生的經歷。如果你和某人一起攀登華盛頓山，他們將是你一生的朋友。經驗就像在銀行存錢一樣，隨時都可以提取。」

泰德起身和我握手。

「我真的希望你考慮參加我們的俱樂部。我們會很高興你能來。」

我克制跟他說：「謝謝，不用了」的衝動。

格勞喬・馬克思（Groucho Marx）的那句老話是怎麼說的？我絕不會加入一個要我加入會員的俱樂部？之類的吧。

我穿過大廳到停車場，思維很清晰。如果你想像修道士一樣生活，很好，那就去修道院生活；如果想要在外面的世界生活，就要積極的建立你的人生履歷表。

我和修道院有關的「為什麼」中有一部分是為了豐富我的人生履歷表。這是另一種經歷，另一種冒險，另一件我年紀老一點以後可以回首往事並引以為豪的事情。我是一個信奉人生目標清單（bucket list）的人。人生目標清單是好東西！見米克・賈格爾（Mick Jagger）就在我的人生目標清單上。但我更加信奉的是把「b」丟到桶裡，加上「f」來創建一個「管他去死事項清單（fuck-it list）」的列表。這份去他的事項清單集合了你一直想做，但可能不太敢去做、覺得做的時機不對、或者認為沒有足夠的經驗去做的事。這些事情需要冒一些風險，讓人有一點恐懼，可能導致失敗，但是又讓人覺得最有活力的事情。

經過多日的修改和一遍又一遍地閱讀手稿，我終於打開電腦，用電子郵件把檔案傳給編輯。我按下傳送，然後電子信箱便從我的螢幕上消失了。我拿起筆，走到我那張管他去死事項清單前，劃掉第三十三條。

33. ~~去修道院與修道士一起生活。~~

34. 騎自行車橫貫全國。

35. 學習手語。

36. 以色列近身格鬥黑帶。

37. 寫劇本。

……

你冒險，我付費

以下是我想讓每一位讀完這本書的人做的事情。請登錄 www.jesseitzler.com/iferesume，填寫你的名字，列出一件你迫切想要去做，但又找不到適合的時間做的事情。這是一個離開你的舒適圈的經歷，說不定還會是可怕的。在我的書出版後的一年裡，我每個月都會隨機選出一個人，如果他們提供了買書證明，我就會支付他們這個冒險的所有花費。（編注：此項海外活動已結束）

1. 特尼．達夫——我要去上脫口秀課。
2. 麗莎．萊斯納——直升機滑雪。
3. 凱特．哈森——上擊劍課。
4. 布萊恩．麥當勞——我要報名空中飛人班。
5. 莎拉．布雷克利——我要跑半馬拉松賽。
6. 拉澤．伊茨勒——我冬天要在華盛頓山上露營。
7. 馬克．布朗——我要去跑波士頓馬拉松賽。

……

後記

新精舍的修道士們提醒我，擁有一個關係緊密的共同體的重要性。有了這個共同體的支持，我們可以超越自己最瘋狂的期望。在這個項目上，我想花一點時間感謝我這個計畫的共同體和部落：特尼・達夫（Turney Duff）、麗莎・萊斯納（Lisa Leshne）、珍妮佛・基什（Jennifer Kish）、馬克・艾德曼（Marc Adelman）、肯尼・賴斯曼（Kenny Reisman）、馬克・布朗（Marq Brown）、傑夫・福森（Jef Fortson）、喬恩・科尼克（Jon Cornick）、馬克・霍杜里希（Marc Hodulich）、布萊恩・麥當勞（Brian McDonald）、凱特・哈森（Kate Hartson）、羅爾夫・澤特斯坦（Rolf Zettersten）、所有在中心街書店工作的人、以及迪迪・德巴特羅（DeeDee Debartlo），非常感謝你們付出的時間和努力。我還想感謝廚師喬希為我做了這麼多可口的飯菜（還有報紙），感謝實習生藍尼對我的照顧。你一直讓我保持高度警惕，藍尼，很高興我們成為「差一點」的朋友！

衷心感謝新精舍了不起的修女們——柏蒂茜修女、則濟利亞修女和利百加修女。非常感謝諸位接納我成為修道院的一份子、感謝你們的智慧，還有美味的乳酪蛋糕。

顯而易見，如果沒有新精舍修道士們的愛心接待和支持，這本書是不可能出版的。我要向多默修道士、克里斯多福修道士、斯塔夫羅斯修道士、馬爾谷修道士、若望修道士、路加修道士、伯多祿修道士、格利貴修道士、安博修道士大聲的致謝。諸位的熱情好客遠遠超出我的預期。謝謝你們讓我有賓至如歸的感覺，也謝謝大家給我的香蕉（Clif 香蕉棒的事，不好意思啦）。

最後，我要感謝超級賢淑以及支持我的老婆莎拉，她在我離開的這段時間裡幫我守住了這個堡壘。感謝你讓我把我三萬六千小時自由時間的一部分用在這次冒險，也謝謝你讓我做喜歡做的事情。我告訴她，這個經歷將會使我在我們未來的關係中更加「關注當下」。希望我是對的。擁有你真是我的福氣。還要謝謝你支持我打造人生履歷表的嘗試。

傑西

#接下來是什麼（#WhatsNext）

勇闖修道院15天：百萬企業家戒掉匆忙病，強化心靈韌性，與修道士生活所獲得的人生體悟

作　者—傑西・伊茨勒（Jesse Itzler）
譯　者—錢基蓮
副 主 編—郭香君
責任編輯—龍穎慧
責任企劃—張瑋之
視覺設計—陳文德
內文排版—新鑫電腦排版工作室

編輯總監—蘇清霖
董 事 長—趙政岷
出 版 者—時報文化出版企業股份有限公司
10803台北市和平西路三段二四〇號一至七樓
發行專線—（〇二）二三〇六六八四二
讀者服務專線—〇八〇〇二三一七〇五
（〇二）二三〇四七一〇三
讀者服務傳真—（〇二）二三〇四六八五八
郵撥—一九三四四七二四　時報文化出版公司
信箱—台北郵政七九～九九信箱

時報悅讀網—http://www.readingtimes.com.tw
綠活線臉書—https://www.facebook.com/readingtimesgreenlife
法律顧問—理律法律事務所　陳長文律師、李念祖律師
印　刷—勁達印刷有限公司
初版一刷—二〇一九年八月九日
定　價—新台幣四〇〇元
（缺頁或破損的書，請寄回更換）

時報文化出版公司成立於一九七五年，
並於一九九九年股票上櫃公開發行，於二〇〇八年脫離中時集團非屬旺中，
以「尊重智慧與創意的文化事業」為信念。

勇闖修道院15天：百萬企業家戒掉匆忙病，強化心靈韌性，與修道士生活所獲得的人生體悟 / 傑西・伊茨勒（Jesse Itzler）著；錢基蓮譯 . -- 初版 . -- 臺北市：時報文化 , 2019.08
面；　公分 . --（人生顧問；372）
譯自：Living with the Monks: What Turning Off My Phone Taught Me about Happiness, Gratitude, and Focus
ISBN 978-957-13-7893-0（平裝）

1. 東正教　2. 靈修

244.93　　108011567

ISBN 978-957-13-7893-0
Printed in Taiwan